30有成

如何成為自在、富有、不後悔的大人？

30代を無駄に生きるな

永松茂久——著
林于楟——譯

人生九成，
取決於這十年怎麼活。

30

- 想在三十歲這十年做出工作成果的人
- 進入二十歲後半，開始為邁入三十歲做準備的人
- 邁入三十歲後，認真開始思考今後人生的人
- 邁入三十歲後，有了下屬而出現煩惱的人
- 邁入三十歲後，思考與工作、家庭、朋友之間關係的人
- 煩惱與上司間關係的三十歲之人
- 煩惱不知該如何指導三十歲下屬的主管
- 未滿四十五歲，想要重新審視自己三十歲生活的人
- 正站在轉職、獨立創業、結婚等人生重大十字路口上的人
- 正在煩惱要做想做的事，或要忍耐不做的人
- 把三十歲花在養兒育女上，接下來開始做自己想做的事的四十歲媽媽

我將本書獻給以上這些人。

前言

別散漫度過你人生中最重要的時期

三十歲相當辛苦。

要獨立創業還是要換工作，抑或要以在現在的公司晉升到最高職位為目標。

要結婚，或是要單身一輩子。

要生小孩，或是要當頂客族。

要買房，或是不買。

要以現在的人際關係活下去，或者離開現處環境，到全新世界認識形形色色的人。

是要作好覺悟為了想做的事情付出某種程度的犧牲活下去，或者選擇維持安穩而放棄踏入幻想故事般的危險世界中。

其他尚有數也數不盡的例子，三十歲面臨「選擇」與「決斷」，正可謂人生中最多分歧點的時期。

某種意義上來說，二十歲時會感覺拖延這些決斷也能勉強應付過去。但如果到了四十歲才選擇走向哪個分歧，又會讓人感覺稍顯太遲。如此一想，三十歲真的是得作出最多抉擇，最為辛苦的時期。

在即將邁入四十五歲的現在，我身為經營者、身為作者，工作上有和許多人談話的機會，我從中發現一般被譽為「成功者」的人都有一個共通點。

那就是「三十歲時活得一點也不散漫」。

拿起本書的讀者，應該是正值三字頭，或是正在為邁入三十歲做準備的人吧。即使非這個年齡層的人，應該也多少對自己今後的人生感到不安。

時代在改變，不僅是年號改變而已。

現在此一瞬間，各種事物也持續以驚人的速度進化、變化。

另一方面，也有許多人無法追上這些變化，而對將來抱持不安。

在這充滿不安的時代，與其把人生想得太困難，倒不如抱著「船到橋頭自然直」的心情把這份煩躁不安的心情往後拖延，這樣活起來比較輕鬆。

或許正因為如此，聽到「你維持自己的真實模樣就好」才會令人感到安心吧。

「人隨時都能改變。」

「人生隨時都能重來。」

「你可以做自己就好。」

應該不少人看見這些話語、閱讀這類書籍時，得知「我可以做自己就好了啊」而放下心中大石吧。

但我希望大家可以稍微俯瞰思考這件事。

你身邊是否有「因為時代改變，個性也跟著大為轉變」的人呢？至少我自己幾乎不曾見過這樣的人。

個性消極的人不管做什麼都很消極，被視為麻煩製造者的人，不管到哪都會製造麻煩，這就是現實。

也就是說，無法用一句話概括「個性這東西會因為外在因素起巨大變化」。

不僅如此，無所謂好或壞人類都是種隨著年齡增長會越變越頑固的生物。你看看身邊的大人與上司，應該能認同我這句話。

正因為如此，首先需要理解自己。

希望大家展望未來，重新詢問自己「我真的可以維持原狀繼續走下去嗎？」後作出判斷。

我自己從事出版、演講、顧問、商務教練等直接接觸一個人人生的工作，在這些工作經驗中，當我問起：

「你真的認為維持現在的自己可以嗎？年收、人際關係以及現在的地位，可以全部維持現狀嗎？」

大多數的人都會回答：

「不，其實我不想要繼續這樣下去。」

本書就是希望能多少提供一點今後該如何活下去的線索，給這些對自己的人生感到疑問的人。

如果你是說服自己「才沒這回事，我維持現狀就好了。」的人，或者害怕變化或進化的人，就不適合閱讀本書。我沒辦法寫什麼給這些人，就算想也做不到。

理由有二。

第一個理由，我認為在這日新月異的時代中，不可能存在無須改變的人。

而另一個理由，當我針對有「不管面臨怎樣的變化，我都要腳踏實地面對時代並開創自己的道路」想法的人寫作時，如果還加進「維持現狀不就好了，不改變也沒有關係」的論調，只會讓想和我一起思考未來的前者感到迷惘而已。

還請大家理解，這是本書最大的前提。

基於這些理由，本書的目的並非讓你感到安心。我的最終目的是「希望幫助活在三十歲這最辛苦時期的你，能有個更精采的人生」，所以即使有些話很難說出口，我都會直言不諱寫出來。

人生九成取決於三十歲。

寫出這段話，不滿二十五歲的人以及四十歲以後的人或許會很生氣。但三十歲與四十歲的靈活度完全不同，我身邊有四十歲時想要改變些什麼的人，而他們多數表示「付出的時間與勞力是三十歲時的兩倍，早知道就該早點開始才對。」

而我也在三十歲時挑戰許多事情，當然不盡然全都有好結果。雖然經歷許多失敗，丟了很多臉，但我認為我盡我所能去做了所有我想做的事情。

即使是這樣的我，現在行動的速度也比三十歲時緩慢許多，我每天真實感受著這一點。正因為如此，我想對要在下一個世代活下去的三十歲的你大聲說：「絕對要趁著可以輕盈活動時明確描繪出自己理想的未來。」

為了讓你今後的人生變得更加富饒，思考該怎麼做並採取行動的moratorium，即所謂的「寬限時間」就是三十歲的這十年。

我在本文開頭曾提過，工作正式步上軌道是在三十歲過後。

轉職、結婚、生產、買房等等，面臨左右人生抉擇的時期也是三十歲。

對社會地位的野心以及自我冒出頭也是在三十歲。

而面臨告別先前人際關係最多的時期，大概也是三十歲。

正因為如此，接下來的九成人生，取決於三十歲怎麼活。

該捨棄的就果斷捨棄，在這需要作好朝未來邁進準備的最重要時期，你要選擇停下腳步面對自己好好思考呢？或者逃避現實只是隨時代或身邊的人逐流，不停拖延抉擇地活著呢？

你應該已經看出，哪一種才是對你未來的最佳選擇了吧？

拿起本書的你，已經是擁有「該怎樣度過三十歲人生」這個問題意識的人，而這種人肯定能成功。

前言稍微說得太長了，在你正式閱讀本書內容前，希望你能再次詢問自己：

「我要怎麼活過三十歲？」

還找不出答案的人，請務必閱讀本書。

順帶一提，本書的主要目標讀者為三字頭的男女，但還有另外一個目標族群。

那就是結束養兒育女工作，接下來想開始做想做的事情的四十歲媽媽們。

養兒育女的女性被迫面臨起碼十年的社會斷層，但從「結束育兒工作，想為自己的人生添色」這層意義上來看，四十歲的媽媽們減去十年，會得到和一般三十歲的人相同的條件。

一開始，還請大家理解這一點。

接著請讓我致歉，最後才提這句原本該開頭就說的話。

我由衷感謝你拿起本書。

我衷心祈禱，希望你讀完本書時，你的心中已經得到明確的答案了。那麼，接下來正式展開本書內容。

前言：別散漫度過你人生中最重要的時期……007

Chapter 1 三十歲時該建立的思維、該捨棄的思維

三十歲，你現在立足於何處？……030
一位找不到綠洲的青年的故事……030
為什麼一開始「掌握現在所在地」很重要呢？……031
試著盤點現在的自己……033
三十歲，你可以讓自己變得多輕盈？……036
趁著還很靈活時，捨棄不必要的思考與物品吧……036
無須對三十歲前的自己感到後悔……037
三十歲，你能讓自己的基盤有多穩固？……039
請獲取「信賴餘額」這無窮的寶物……039
把自己的「狀態」與重要的人分享……040

CONTENTS

三十歲時該做的重要穩固基盤工作……042

三十歲，理解自己的優勢……044

你是否有自己認為普通，卻令身邊人大為吃驚的特質呢？……044

培養出客觀看待自己的能力……046

三十歲，培養出「美好的誤會力量」……048

思考和話語果然都會化作現實……048

只是改變「話語」和「行動」，就能簡單實現理想……050

向登頂者問道……051

三十歲，擁有接受社會矛盾與現實的器量……053

社會，就是個充滿矛盾的美好世界……053

盡快捨棄二十歲的天真意識……057

三十歲，能將自己的思考主軸建立至何種程度……059

你是否超非必要地受到評論家或網路上的言論影響呢？……059

你是否擁有「我就會這樣做」等明確的自我意志呢？……061

Chapter 2

三十歲時該培養出的人際關係能力

三十歲，培養出「自己決定」的意識……063
——告別隨波逐流的生活方式吧……063
——大家一起闖紅燈可是會出大事的……065
三十歲，就該經歷「挫敗」……067
——理解「不想輸」這種心態背後的現實……067
——你有辦法從戰勝你的人身上學習嗎？……068
三十歲，別當批評者，轉而成為行動者吧……071
——理解指導者的心情……071
——如果想提升成功運，總之就要先站上打擊區……073
三十歲，無須畏懼人際關係改變……076
——你到底要老是和同一群人混到什麼時候？……076

——別偷懶與身邊的人共享價值觀……077

三十歲，盡全力珍惜重要人事物……079

——不用那麼認真尋找「討厭的人的優點」……079

——把和喜歡的人共度的時光增加至現在的三倍……080

三十歲，培養出讓身邊的人活躍的力量……082

——你能讓自己身邊有多少優秀的人呢？……082

——將「依賴他人」的想法轉變為「活用人才」的想法……084

三十歲，你該知道這些「介紹」的規則……087

——別越過「介紹者」……087

——珍惜介紹者的上游……089

三十歲，別追求「安穩」與「平凡」……092

——轉職前的三個月怎麼過，決定了你的未來走向……092

——驚濤駭浪，放馬過來吧……094

Chapter 3

三十歲時該培養出的工作能力

三十歲，才該培養「禮節」……096

正因為關係密切更需要重禮儀……096

工作場面取決於禮節……097

三十歲，珍惜「與超乎想像的未知相遇」……100

別總是泡在同世代裡，跳進更高階的世界中吧……100

體認在一流人士包圍下感受的錯覺……102

三十歲，要有個好導師……105

三十歲時要決定好找怎樣的人當導師……105

選擇導師時必知的重要事項……107

導師的教誨，首先從乖巧接納開始做起……108

三十歲，開始創業、從事副業吧……112

搭上創業、副業的趨勢……112
首先從本業與副業兩立開始做起……114
三十歲是最適合創業、經營副業的時期，別無他選……116

三十歲，就該挑戰各種工作場面……118
受人請託等於接受挑戰……118
總是要以超越期待為目標……119

三十歲，磨練「簡報能力」……122
別只是輸入，也差不多該訓練輸出了……122
簡報能力要如此鍛鍊……124

三十歲，就該靠雙腿賺錢……127
工作順利的人不會出一張嘴，而會先動起來……127
「靠雙腿賺錢」真的過時了嗎？……128
不管戀愛還是工作，沒方法能勝過「面對面溝通」……131

三十歲，總之要重「量」不重「質」……134
真正的訓練就是「歷練數」……134
壓倒性的量才能創造出壓倒性的質……135
三十歲，理解「自己的準則」……137
事前花工夫、花時間準備，就能提高成功率……137
創造自己的準則……138
三十歲，理解「自己的成功模式」……140
偏離需求的東西當然賣不出去……140
在重大工作場合中，要以確實的分析為基礎行動……141
要養成總是提前調查自己勝處的習慣……142
三十歲，培養出「預測能力」……144
養成時時預測下一步、下兩步的習慣……144
預測能力會成為工作飛躍成長的關鍵……145

Chapter 4

三十歲時該培養出受人喜愛的力量

三十歲，當作一個退休年齡……147
人生九成取決於三十歲的理由……147
向傳說中的名駒學習生存之道……148
為了迎接四十歲之後的燦爛人生下半場而該做的事……150
三十歲，培養出「影響力」……154
機會是由人帶來的……154
理解影響力的特性……155
今後是個人影響力掛帥的時代……156
三十歲，總之要專注琢磨「共鳴能力」……158
只需要這個反應就能讓溝通三級跳……158
該趁著三十歲時提升溝通能力……160

三十歲，該學會的傾聽方法、說話方法、表達方法……162
向專業店員學習表達方法……162
傾聽能力掌控交流溝通……165
三十歲，要養大心靈器量……167
要親切對待後進……167
越是一流的人，越會珍惜未來棟梁……169
三十歲，養出「珍惜長輩的體貼」……171
請成功者吃午餐……171
要理解成功者、上司、領袖，大家都是擁有情緒的人類……174
三十歲，知道「和酒精共存共榮的方法」……177
別瞧不起上個世代的溝通方法……177
喝酒交際很可能成為你出人頭地的關鍵……179
一年給自己一次或兩次機會，做那些提不起幹勁的事情……180

Chapter 5

三十歲時該培養的習慣

三十歲，只有喪禮絕對要排除萬難參加……183
比起喜事，要在當誰遇到傷心事時趕往對方身邊……183
我可以一直在 Kizuna Publishing 出書的理由……186
三十歲，分清楚「說話方法、稱呼」的分寸……190
人會仔細觀察他人的用字遣詞……190
稱呼是表現與對方距離感的尺規……192
三十歲，脫離對虛擬世界的依賴……194
社群網站沒辦法滿足真正的自我肯定感……194
透過社群網站，人可以看見另一個人的狀況……195
三十歲，培養出閱讀習慣……198
出版業界的現狀……198

只是觀賞也好，去一趟書店吧……199
閱讀，是讀者與作者一對一創造出的人生創作過程……202

三十歲，培養出「掌握真正資訊的力量」……204
幾乎所有資訊都將成為免費……204
資訊越氾濫，真正的資訊越有價值……205

三十歲，別散漫而要有計畫性度過……208
寫出三十歲的時間表……208
別連休閒時的興趣都與工作有關……210

三十歲，培養「正確的金錢價值觀」……212
負債者的三個特徵……212
試著思考金錢的意義……214

三十歲，要擁有「打理好外貌的意識」……216
要意識旁人正在看著你……216

終章　三十歲該怎麼活

三十歲，別尋找安逸的道路或捷徑……220
——人人爭相上鉤的好事，絕對不是通往成功的捷徑……220
——選擇簡單明瞭的捷徑，最後都會變成最遠的遠路……221
三十歲，看你能累積多少「陰德」……223
——施比受更有福，替你開創未來人生……223
——在「陰德銀行」裡存款……225
三十歲，你昂首向前的理由……228
——你最重要的人有笑容嗎？……228
——你要選擇哪條道路？……229
三十歲，前往知覺一趟吧……231
——一年給自己一次思考人生終點的時間……231
——教會我「活著」這件事的地方……233

——當你人生迷惘時，就去一趟知覽……235

三十歲，試著把一半時間花在「為了重要之人」活著上面……237

——對邂逅的人「奉獻」……237

三十歲，是為了「成為能令人喜悅的人」最重要的十年……240

——「首先先讓自己幸福吧」的人真的能帶給他人幸福嗎？……240

——For You 精神才是「讓所有人得到幸福的唯一方法」……242

寫給三十歲，承擔下一個世代的所有人……245

——三十歲，認識了誰，又與誰共度？……245

——狗狗教會我的重要事情……246

——寫給「你」這個三十歲的希望……249

後記：抱著真心話活著這檔事……251

Chapter 1

三十歲時該建立的思維、該捨棄的思維

三十歲，你現在立足於何處？

一位找不到綠洲的青年的故事

有這樣一則寓言。

一位青年啟程前往尋找綠洲，在燒灼炙熱的沙漠中，他手上沒有羅盤也沒有地圖。

「綠洲到底在哪呢？」

就在青年走投無路時，他遇見一位老人，把現在的狀況告訴老人。

幸運的是，老人將前往綠洲的地圖、羅盤，以及一點飲用水給青年後才離開。

「這樣一來，我總算可以前進綠洲了。」

青年目送老人離去直到看不見老人身影，青年鬆了一口氣，稍微歇息後再次步上旅途。

但結果，青年最終沒有抵達綠洲。

理由只有一個。

那就是，他根本不清楚自己一開始在哪。

為什麼一開始「掌握現在所在地」很重要呢？

在思考自己接下來的人生之道時，我想先請你做一件事。

那就是「明確掌握你現在的所在地」。

正如我在「前言」中提過的，本書的目的是希望引領你用最短的距離，抵達你所描繪的理想三十歲。

為此，首先得做一件事。

那就是你自己需要明確理解「現在，我到底站在哪裡」。

接下來以開車為例來思考。

現代的車子，自動導航系統幾乎可說百分百是標準配備。

當我們要前往目的地時，你最先要做的，就是設定終點。

但即使在導航系統內設定好目的地，只要不清楚現在地在哪，就無法搜尋出前往目的地的路線。

當然啦，自動導航系統會透過衛星裝置取得你的所在位置資訊，但在人生中就無法做到這點了。除非你有非常優秀的導師，要不然就只能透過自我俯瞰來得知現在的所在地了。

也就是說，即使你有目的地，只要你無法明確掌握現在的所在地，你就找不到前往目的地的方法。

突然要你掌握自己現在的所在地，應該有許多人會感到不知所措。

但是，只要你不清楚這點，你就無法朝目的地邁進。

正因為如此，首先，你得要確實掌握好你現在站在哪裡。

我想應該不需要我特別解釋，所謂的現在所在地當然不是你居住的地點，或你現在人在哪裡等物理上的位置。

這是指你現在的「狀態」，得知現在所在地代表著「你需要確實掌握，自己現在到底是怎樣的人」。

試著盤點現在的自己

假設有個人沒先提及這些前提，直接問你「你是誰？」大多數人會回答「我是在科技業上班的上班族。」「一個孩子的媽。」「才剛創業的自由工作者。」等等，說出自己現在的職業或是社會上的定位。

但這些就可代表你的全部了嗎？

我不這麼認為。

我反而認為，工作以外的部分，才真正隱藏著一個人的本質。

但如果要用職業以外的東西描述自己，會有許多人頓時搞不清楚自己到底是誰了。

既然如此，首先就從認識現在的自己開始做起吧。
為此所需要的就是「盤點自己」。
盤點自己該怎麼做？

- **你喜歡什麼？討厭什麼？**
- **你擅長什麼？不擅長什麼？**
- **你今後想做的事？不想做的事？**
- **你的人生終點目標是什麼？**
- **你想要珍惜什麼？想要捨棄什麼？**
- **你對什麼感到幸福？對什麼感到不滿？**

盡你所能把想到的事項全寫下來徹底分析自己，並且具體寫下來。
此時我建議別用電腦或手機打字，盡可能用手寫的。
這是因為，打字和手寫帶給大腦的影響力完全不同。

邊仔細思考，邊逐項手寫下來，就能客觀地俯瞰自己這個人。

當你理解自己是怎樣的人之後，就能掌握現在的所在地。確實掌握現在所在地，你就能看見自己和理想未來間的距離，得知需要做哪些事才能抵達理想未來。

也就是說，「盤點自己」就是現在三十歲的你，將想去的地點，以及現在所在地明確標示在地圖上的衛星定位。只要在衛星系統運作下設定好導航，你肯定可以抵達目的地。

相反地，如果你沒有掌握現在所在地，沒搞清楚東西南北就上路，不僅浪費寶貴的時間，也可能浪費勞力與金錢。不只如此，最糟糕的狀況是無法抵達目的地。

為了不出現這種狀況，就得最先理解現在的自己。

接著，明確找出現在所在地以及真正想實現的未來，這點極為重要。

我希望大家明確理解這點之後，再繼續閱讀接下來的內容。

三十歲，你可以讓自己變得多輕盈？

趁著還很靈活時，捨棄不必要的思考與物品吧

現在的時代真的是日新月異。

一年前流行的東西到了今日早已過時，這類事情屢見不鮮。預見這個速度後該如何採取行動，也考驗著我們的能力。

或許說「在所有事情中越早行動的人，越早看清並捨棄的人，才會成為勝利組」有點太過，但至少在現在這個時代，速度決定了勝負也是不爭的事實。

但不知為何有許多人，好不容易終於站上起跑點了，卻想要背著沉重負荷起跑。

這裡所說的「負荷」是無法捨棄的多餘思考、自尊心、過去的失敗經驗，

以及實際上真的會扯後腿的人際關係等等。

舉例來說，背著五十公斤的行李跑步與沒承擔任何負荷跑步，對身體造成的負擔和跑步速度完全不同。

當然，抵達終點所花費的時間也會出現極大落差。

如果你想要全力奔馳，最好盡可能卸下多餘的負荷。

若你被過去所困、背負沉重負荷，就要趁著還相當靈活的三十歲，鼓起勇氣狠下心來捨棄。

無須對三十歲前的自己感到後悔

但話說回來，想帶著過去得到的所有東西跑完接下來漫長的人生馬拉松，本就是件不可能任務。

站在起跑點上很重要，但在起跑前，最好要先思考自己到底準備背負怎樣的負荷開跑。

接著只留下真正需要的東西，爽快地捨棄不必要的東西。只有能作出此覺悟的人，才能真正抵達自己的目標終點。

反之亦然。

即使你認為「我的二十歲過得太過懶散了啦」，你也還有挽回的機會，這也是三十歲被容許的特權。

在現在這個時間點，你還不需要對過去感到如此悔恨，現在還有很多挽回的機會。

反而可以這樣想，因為偏移的幅度很大，讓你的人生出現了很大的正向差距呢。

也就是說，你甚至可以嚇到身邊的人「什麼？那個人竟然變了那麼多啊！」脫離到目前為止的人生，讓你脫胎換骨重獲新生的可能性極高，而這也是三十歲才能有的特權。

三十歲，你能讓自己的基盤有多穩固？

請獲取「信賴餘額」這無窮的寶物

我認為，三十歲別以「金錢富翁」，而要以「人脈富翁」為目標。再更進一步說明，所謂的人脈就是「他人對你的信賴」。

增加不是因為頭銜或資產數字信賴你，而是信賴你這個人的人。

能不看附加價值就信賴你的人，才正是可以助你穩固腳步的財產。

從年齡上來看，大多數三十歲的人腳步尚未穩固，因此容易想要尋找地基穩健的地方，並認為「或許移動到那邊去比較好」。

但重點應該在於你現處位置的基盤有多穩固，站立於此的你下盤肌肉有多強健。而且話說回來，就算你想要移動，如果你的下盤不夠穩健，連確實移動也辦不到啊，可能連跨出第一步都很危險。

既然如此，就得最先穩固現在所處地點的基盤，不先做好這點，就無法移動到任何地方去。

把自己的「狀態」與重要的人分享

我認為，為此非做不可的除了方才提及的「自我盤點」外，還要讓身邊的人知道這些，這能成為你穩固基盤的助力。

以我為例，我習慣會把寫上「自我盤點」內容的紙張拿給導師、家人、工作夥伴及親近的友人看，舉例來說：

「通常都在晚上寫作，所以都睡到早上十一點。」

「基本上不繫領帶。」
「自己在追求夢想，但不會強迫別人追求夢想。」
「會確實聽人說完想說的話。」
「絕對不說不在場的人的壞話。」

不管小事還是大事，詳細寫下來之後把這些拿給家人或工作夥伴讀一讀。如此一來常會得到對方「原來你腦袋裡都思考著這些啊」、「原來你最近工作中都在想這種事啊」等驚訝回應。

家人是很不可思議的存在，即使同住一個屋簷下，出乎意料外的有很多事不知情。當有人問「你老婆現在最喜歡的食物是什麼？」或許少有丈夫有辦法秒答。

同樣地，當有人問「你公司的部長，現在最大的興趣是什麼？」有辦法立刻回答的社長應該不多。夫妻、家人、工作夥伴都會隨時代一起改變，所以彼此之間的關係也會逐漸產生變化。

但這絕非壞事。

關係改變，是彼此進化、成長的證據。

正因為如此，如果你想要對方理解自己，就得主動做出「告訴對方你現在的想法或夢想」等行動。

「因為是家人，因為是夫妻，所以就算不說也該懂。」這只是你的任性，你的幻想而已。

除此之外，不僅要告訴家人，告訴近在你身邊的工作夥伴也很重要。

三十歲時該做的重要穩固基盤工作

在此請讓我問個問題。請你在腦海中想著「值得信賴」的人，然後試著思考這些人有哪些共通點。

每個人腦海浮現的人數各有不同，但不管有多少人，這些人之間肯定有共通點。

那就是，這些人都是「對你敞開心胸的人」。

人類，會信賴對自己敞開心胸的人。

不管在工作上或是在戀愛中都相同，這是所有人類共通的心理。

也就是說，如果你想以受人信賴為目標，最大的前提得先對他人敞開心胸。

為此，你需要告訴對方，讓對方理解自己是怎樣的人。

只要能從更多人手中得到「值得信賴的人」的標籤，絕對可以進一步助你穩固基盤。

這正是三十歲時，在穩固基盤的過程中非做不可的重要工作。

三十歲，理解自己的優勢

你是否有自己認為普通，卻令身邊人大為吃驚的特質呢？

我在從事協助出版的顧問，及協助實現夢想的商務教練工作中發現，許多人對自己的價值太過沒有自覺，這讓我感到相當驚訝。

舉例來說，當我問「你有什麼自豪的特質嗎？」有九成以上的人答不出來，這就是現狀。

但，這並不代表他們沒有值得自豪的特質。

只是他們不理解自己的優勢而已。

自己的優勢用一句話來表現就是：

「自己感覺沒什麼大不了，卻會嚇到身邊眾人的事。」

如此一說大家應該都會發現，自己也有一、兩個優勢。但即使如此，還是會有很多人不清楚自己到底有什麼優勢。

前幾天，我問了來找我諮商的男性：「你到目前為止做過哪些事情呢？」他回答我：

「我當了五年左右的律師，在律師界裡還是個新人，所以律師還不能算是我的優勢。」

在此我接著說：

「你當了五年律師，這是件很厲害的事情啊。這就是你的優勢。」

我一說完，他回我：

「沒有沒有，我的上司已經當三十年律師了。看在這些資深前輩眼中，我還差得遠呢。」

儘管他擁有一般人會很驚訝的「律師」這出色的優勢，他卻完全不提及這一點。不僅如此，我感覺他甚至想要隱藏這一點，讓我感到相當不可思議。

培養出客觀看待自己的能力

這並非特例，令人意外的，和他相同態度的人並不少。

而這類型的人被過去的自己束縛，有總是過度在意他人目光的傾向。

「我從不曾做過，怎麼可能做得到。」

「人上有人，我還遠遠比不上大家……」

這類思考已經在他們的腦海扎根，讓他們容易否定自己。

不管是誰，人類確實意外地不了解自己，但沒什麼事情比否定自己選擇的職業、自我認同還更哀傷了。

就算在惡劣的環境中工作，肯定也曾從中學習或發現什麼。而是否能抓住這些學習或發現，就取決於你是否能隨時俯瞰自己。

現在，正感到哀傷的自己；現在，正在努力的自己；現在，正樂在其中的自己。

以及，發現「可以俯瞰自己的自己」。

雖說俯瞰，也不需要從看不見自己身影的遙遠上空往下看。

「未來理想中的自己，看著現在的自己。」

只要能抱持這樣的感覺看自己，那就是最佳狀態。

如此一來，你就能將理想中的自己與現在的自己相比較，逐漸看清楚「自己有哪點不足」。

接著利用三十歲這十年時間，徹底填補這些不足。

三十歲，培養出「美好的誤會力量」

思考和話語果然都會化作現實

人類，可以藉由想像力看見自己的未來。

只要閉上眼睛，不僅可以見到哆啦A夢，也能前往地球彼端甚至月球。如此一想會發現人的想像無窮。

「這和現實有什麼關係？而且話說回來，哆啦A夢根本不存在啊。」你或許會這樣想吧。

確實如此，哆啦A夢或許不存在。

而且實際上，幾乎所有人根本沒辦法上月球。

但人是很有趣的生物，現實生活也會被自己的想像帶著走。

這並非紙上談兵的精神論，是獲得科學證明的事實，與「潛意識」有關。

「人只要具體做出什麼想像，大腦就會無意識地朝那個方向開始行動」這個理論已經獲得腦科學證實了。

舉例來說，如果想著「我想買進口車」，就會發現看見進口車資訊的頻率突然變高，或是想著「我想要和這樣的人一起工作」後，恰巧碰到這樣的人了，等等。

我想你應該曾經有過類似經驗吧。

這並非偶然，從科學角度來思考，也能明確理解其必然性。

「只要有好的想像，就能創造出好的現實。」這種表現或許有點抽象，但這就是大腦的機能。

舉例來說，總是把「我很沒有男人運」掛在嘴上哀嘆的女性隨時意識著「沒男人運的自己」，這個思考就會吸引相同現實前來。

「吸引」也就是「自己的潛意識會拚命搜索這個現實，找到之後並創造

出來」。

這並非運氣或身邊人的錯，全都是當事者的思考招致的結果。

我也曾在拙作《話語將化為現實》（Kizuna Publishing）中提過，改變說出口的話以及思考，具體想像出理想中的自己，你的人生肯定會隨之好轉。

只是改變「話語」和「行動」，就能簡單實現理想

將未來的自己設定成快樂的形象，並對大腦洗腦「最強的自己」，我把這個行動稱為：

「美好的誤會」

美好的誤會，就是讓你平常意識的事情，驅動你大腦的潛意識，無意識地帶領你朝理想的未來靠近。

而這份潛意識加上行動之後，效力會倍增。

行動可以是「有意識地使用正向話語」，或者「在已經實現你理想未來

的人身邊，積極向他學習」。

或者，你也可以參與已實現你理想目標的那些人的社群團體，聽他們說話，或者閱讀書籍，吸收這些人的行動及言行。

只要做出這些舉動，你就能獲得更多把自己的理想化為現實的力量。

向登頂者問道

說個題外話，我父親給我的教誨中有這一句話：「向登頂者問道。」就是「如果你想要登頂，那就去請教登頂者該怎麼登頂，這是最快的方法」。

這個教誨，是創造出現在的我的原動力之一，我也將其活用在建構工作或是溝通上面，是對我來說很重要的教誨。

而我也理解，這句話同時包含**「向他人請教並非一件羞愧的事情」**。

雖然現在是「活到老學到老」的時代，但正如我前面提過的，超過四十歲的學習，以及三十歲時的學習，兩者間的吸收能力完全不同。

既然如此，盡可能在三十歲時吸收多一點知識會更好。

為此，你要去見你當作目標的榜樣，聽他們說話。

三十歲還有輕快的行動能力，時間與經濟也相較寬裕。如果情況允許，總之先採取行動、學習新知，能做到這件事也是三十歲才有的特權。

三十歲，擁有接受社會矛盾與現實的器量

社會，就是個充滿矛盾的美好世界

剛出社會當時，比起工作能力高低，受到上司或前輩喜愛的人更容易得到好的評價。你是否曾對這樣的現實感到不能接受呢？

不管怎樣的職種，工作確實無法靠一個人完成。

正因為如此，二十歲時，和上司或前輩協調合作讓工作能順利進行特別重要，從這點來看，卓越的才能及豐富的知識便不顯得那麼重要。

也就是說，溝通協調能力越好的人，其工作上的評價也會等比例提升，這個現實乍看之下相當矛盾。

在這種情況下，如果想提升自身評價，便會將重點擺在如何受到上司及前輩喜愛，但新人研習的課程中不會教大家受喜愛的方法，也不可能會有人教你。

稍微離題一下，我的老家位於酒館密集的商店街裡，我從小就很習慣經過許多從大白天就在喝酒的大叔聚集的道路回家。

這些大叔絕對都會對我說「你得好好念書才行喔，要不然就會變成跟我一樣的人。」或是「你要好好珍惜你的夥伴啊。」之類的話。

如果是現在，從大白天就在喝酒的大叔口中聽到「好好念書才行！」可能會讓我不禁失笑吧，但當時沒發現那個矛盾，還滿臉笑容地回應：「好，叔叔，謝謝你。」

或許因為身處那種環境，我不認為白天就喝酒是件壞事，現在也仍然不認為那些大叔們是「社會掉隊者」。

反而感覺那些不知道到底有沒有好好工作的大叔們教會我何謂「快樂活

著」。

常聽人說，學生時代當學生會長或班長等資優生類型的人，出社會時會特別辛苦。

對他們來說常識即為正義，他們在社會中也想要追求這點，因此才會感到辛苦吧。

像他們這類的人，應該沒有機會接觸那些醉醺醺的大叔們。

即使有機會接觸，他們極可能打著正義的旗幟，說出「我認為別從白天就喝酒會比較好。」等冷漠的話。

正因為如此，他們出社會後會感到很辛苦。

因為，社會是個充滿矛盾的世界。

另一方面，學生時代愛玩，或是只做自己喜歡的事情的宅宅類型的學生，多見出社會後嶄露頭角的例子。

我認為，這是因為他們在無意識中已經學會了「社會中總是充滿矛盾」

這點。

實際上，我從小學起就時常會到附近的章魚燒攤販去幫忙，或許不能被分類為乖小孩。但現在回想起來，多虧這個經歷，我感覺前輩與同伴們在課外教學中，教了我學校不會教的事情。

這麼一想，也不知是幸或不幸，因為身處時常遇見醉醺醺大叔們的日常環境，以及現在已經看不到的彷彿專收不良少年的學校，讓我在無意識中學會了「社會是一個正確之事行不通的矛盾世界」。

也就是從某種意義上來說，那些醉鬼大叔們，以及告訴我上下關係有多不講理嚴苛的前輩與夥伴們，是我人生中的師父。

盡快捨棄二十歲的天真意識

雖說如此，我自己剛出社會的二十歲那時，也曾有過面對無法接受的事情而痛苦的時期。

正確的事情不被認同為正確。

沒辦法盡情去做想做的事情。

努力後的結果不如預期。

也曾因為理想與現實差距甚遠，過著不知所措、焦急的日子。

當時我感覺只有我一人獨自痛苦，現在回想起來，反而是身邊的人因為我「還年輕」對我相當寬容。就算失敗了也總是有前輩幫忙我善後，也有師父願意斥責我。

雖然這樣說，也不能老是依賴願意幫忙的人。我現在才發現，理解這件事的人出人頭地的時間也早，是在三十歲時會突飛猛進的人才。

但現實是，不少人到了三十歲還會拿年輕當藉口。

這類人一邁進三十歲，會突然感覺身邊人對他的譴責聲變大，但他或許根本沒發現其中理由。

在你邁入三十大關的那天起，社會看你的目光也會倏然改變，即使只差一天，身邊人對待二十九歲與三十歲的態度完全不同。

也就是說，當你邁入三十歲後，你需要捨棄對所有事物的「天真」。

從這層意義上來看，三十歲不能用二十歲時的懶散態度活下去。

請千萬記牢此事。

三十歲，能將自己的思考主軸建立至何種程度

你是否超非必要地受到評論家或網路上的言論影響呢？

偶爾轉開電視，會看見主持人及評論家針對新聞或是事件闡述各種意見。連平常幾乎不看電視的我都會看見了，讓我不安起，這類評論在日本到底有多氾濫啊？

你或許會覺得我太乖僻，但我認為這類節目的背後隱藏著製作方及演出者「總之就是想得到觀眾共鳴」的意圖。我對這類「做樣子博關注」的東西感到非常不對勁。

另一方面，在看不到發言者的網路世界中，對相同新聞或事件的罵聲交

錯。因為匿名便口無遮攔，彷彿在抒壓般，呈現出人心黑暗的部分。

正因為身處這樣的世界中，如果沒有「我自己又是怎麼想呢？」的問題意識，就會對他人的意見囫圇吞棗，受社會的意見左右。

舉例來說，常會在藝人或名人爆出醜聞時，看見他們開道歉記者會的畫面，你都是怎麼看這段新聞的呢？

大多數的人都會回答「邊贊同或批評主持人及評論家的意見邊看」吧。

但這只是贊同或反對他人的意見，不能說是你自己的意見。

特別是三十歲，在這個階段能建構出怎樣的自己，將成為左右今後人生的關鍵，而第一步就是培養出「不隨世間逐流的自己」。

而為了培養出不隨波逐流的自己，最重要的是對所有事情都要擁有兩種不同的觀點。

你是否擁有「我就會這樣做」等明確的自我意志呢？

這有兩個觀點。

第一個觀點，**「如果自己是當事者，該怎麼應對」**。

舉例來說，用「如果自己站在道歉的立場上會怎麼說話，帶著怎樣的表情、怎樣的心情站在臺上呢？」的觀點看事情。

第二個觀點，**「如果自己是當事者身邊的人，該怎麼應對」**。

也就是說，用「如果自己重要的人開道歉記者會，我會有怎樣的心情」的觀點看事情。

用這兩個觀點看事情的瞬間，會浮現和先前完全不同的想法，而這才是你真正的心情，是你獨有的觀點。

在日常生活中意識著這種觀點，你應該會發現，連對電車裡的懸吊廣告也會產生不同看法。

在電車或街頭看見讓你不禁驚嘆「喔！」並受其吸引的海報或廣告時，
「為什麼會吸引我呢？」
「創作者的意圖是什麼？」
「如果是我，我會寫出怎樣的文字來表現？」
你應該會發現自己在無意識中觀察這些點。

如果你感覺「自己被社會玩弄在掌心之上」或是「沒有自我」，就請你先有意識地抱持這兩個觀點去看所有事物。

在此浮現的想法正是你自己的意見，而這個意見就是建立你這個人物的基礎。

三十歲，培養出「自己決定」的意識

告別隨波逐流的生活方式吧

日本人有容易受周遭影響的傾向。

大多數的人，只要大家都靠右走，自己也會毫不猶豫地靠右走，大家都停下時自己也會停下。對此沒有任何疑問，反而會因為和大家相同而能安心行動。

我們日本人在這獨特的同調壓力下成長，身穿相同制服拿著相同書包去上學是理所當然的事情。或許因為這樣，我感覺與其他國家相比，明顯欠缺「培養孩子獨特性的教育」。

另外一點，日本人特別有用否定目光去看與他人不同的人的傾向。因為這國家有強烈「自我主張為惡」的默契與常識，非常多人不擅長自我表現。

結束學生時代，剛出社會的二十歲，工作上主要「接受教導」。但一邁入三十歲，自己遭受考驗的機會突然增多。

舉例來說，你是否曾感覺自己和同期進公司的同事，在會議或是簡報中的言行舉止有很大差異呢？

是否感覺不久前還和自己站在相同位置的同伴突然離自己遠去，為此感到焦慮的次數增加了呢？

為什麼會出現這種差異？

這是因為，「接受教導」不只是單純輸入，還考驗你是否能加上自己的意見，創造出獨有的答案後輸出，而這之中出現的差距會開始在三十歲後表露出來。

也就是說，能脫離「大家都靠右走時毫不迷惘跟著靠右」的思考模式，擁有自己的意志並且將其輸出的人，就能脫穎而出。

如果沒辦法在三十歲時擁有這樣的意志，極可能過著一輩子都不會有這種意志的人生。

大家一起闖紅燈可是會出大事的

前幾天我在電視上看到，某位五十多歲的男性找藝人商量「遇到投資詐欺」。

那位藝人問男性：「你為什麼會投資啊？」男性小聲回答：「因為大家都這樣做。」

接著，男性被藝人教訓一頓而垂頭喪氣。

但話說回來，節目讓非專業的藝人接受觀眾諮商詐欺這件事本身，就讓我對製作單位的做法感到不認同，但這位男性觀眾就是典型沒有問題意識，容易被社會左右的人。他大概還打從心底相信小時候大家說的「就算是紅燈，大家一起闖就不怕」。

希望大家試著思考。

大家一起闖紅燈也可能會出大事的。

正因為如此，即使大家都靠右走，只要你認為應該要靠左就該鼓起勇氣往左走。

當你選擇自己認同的道路時，萬一出問題，你也不會怪罪在他人身上。

也就是說，沒有所謂的好壞，三十歲都該有所意識要對自己的言行負責任。

三十歲，就該經歷「挫敗」

理解「不想輸」這種心態背後的現實

現在的你，身邊是否有「只有這個人，我絕對不想輸給他」的人呢？如果你毫不猶豫地回答「有！」那我得告訴你一件難以啟齒的事情。

很遺憾，當你出現這種念頭時，你已經輸給對方了。

和容易被眼前利益吸引的二十歲不同，邁入三十歲之後，應該也能逐漸看出將來的好處。逐漸鍛鍊出這類先見能力的三十歲，也容易想把自己與身邊的人相比較。

想與他人相比較分出優劣是理所當然的心情。

因為競爭越變越激烈，一旦發現自己輸了，自我肯定感也會跟著受傷，接著會無意識地開始尋找對方的過失。

會開始出現這種情緒，或許也是開始對人生勝負產生真實感的三十歲獨有的特徵吧。

你有辦法從戰勝你的人身上學習嗎？

而我呢，也曾有老是在意身邊人的時期。

我在三十五歲前已經開始經營居酒屋了，但有段時期營業額不如預期，讓我相當煩惱。

某天，我的導師希望多少給我一點參考，便帶我去他熟識的居酒屋。那家店是很受歡迎的話題居酒屋，一走進店裡，明顯比我的店生意興隆。

離開店家時，我的導師問我：「茂久，你覺得這家店怎樣？」

我因為感到輸了的不甘心，便回答：「服務也不到位，口味也還好而已……」

接著，我的導師如此說：

「是啊，或許是這樣沒錯。但是啊茂久，很遺憾的是，就現在來說，你的店還輸給他們呢。」

青天霹靂，我頓時語塞。導師又繼續對我說：

「輸了很不甘心對吧，會很想要找對方的過失對吧。但是啊，一旦這麼做就又輸更慘。你要努力忍下這份心情，去思考『為什麼』那家店生意這麼好。當你可以從中學習並吸收時，你最後就能獲勝。」

聽到這句話，我感受到全身竄過電流的衝擊。

因為我至今從未思考過「為什麼那家店的生意會比我的店還好？」

在那之後，我徹底研究生意興隆的餐飲店，探究「為什麼」，接著成功提升了我店裡的營收。

經過這件事後，我明白了想要成長，就需要從贏過自己的人身上學習的重要性。養成老實認輸，並且進一步探究「為什麼會輸」的習慣。我親身體認釐清「為什麼」後肯定會幫助自己成功。

被不甘心的心情絆住，只是說些不肯認輸的話也無法讓你往前進。你這種消極的態度反而會被第三者看見，更顯得你看起來很糟。如此一來，你無法獲得任何東西也無法成長。

也就是說，如果你身邊有讓你認為「我不想輸」的人，那個人無庸置疑就是你邁向成功的關鍵人物。

從對方身上學習，尋找自己缺乏的東西吧。

只要把這種意識養成習慣，你肯定會成功。

「認輸的力量」就是你邁向勝利的第一步。

三十歲，別當批評者，轉而成為行動者吧

理解指導者的心情

三十歲還很年輕，看在即將退休的老人家眼中，三十歲和自己的小孩同一個年齡層，肯定抱有如自己孩子般的親切感。

常被自己父執輩年代的上司責罵、叮囑，或許也因為他們是用父母的眼光對待著你吧。

但這在只是點小事就張嘴閉嘴吵著「職權騷擾！性騷擾！」的現代社會中，有斥責下屬或後進這件事本身已經成為禁忌的風潮。因此應該有許多人即使有話想說，也會選擇不說出口。

但話說回來，每個人都不想生氣。

生氣需要消耗能量，而且也不知道發怒後對方會怎麼變化。

他可能會說出「我要辭職」，如此一來會變成自己有錯，所以才會讓「不痛不癢」的應對變成常態。像這樣明哲保身，不願生氣的人逐漸增加，從某種意義上來看或許能說情有可原。

但如果你身邊有不屈服於這風潮，不怕風險也會怒罵你的上司或前輩，在檢討對方的指導方法之前，你應該要先感謝這位上司的氣魄。

三十歲，是個希望可以得到高評價的年齡層。

理解社會結構，也已經熟悉工作，有時可能會過度自滿。

正因為如此，偶爾遭人斥責時會沮喪，甚至會產生反抗的心情。

但我可以斷言，願意責罵、叮囑你的人，其實才是「對你有所期待的人」。

這是因為，生氣是「希望你更加成長」的證據。

如此一想，你就能明白即使遭到責罵也不需要感到沮喪、不需要反抗。

既然如此，更該感謝對方願意罵你，盡可能接納對方說出口的話吧。

如果想提升成功運，總之就要先站上打擊區

另外一點，常被罵的人有個特徵。

那就是「採取行動」。

不行動的人最後也不會被罵，在此請先排除這些人之後再思考。

行動的人會因為行動而失敗，但這值得給予高度評價。

因為他們是「總是站在打擊區中的人」。

站在打擊區揮棒的人也就是採取行動的人，最終總會擊出安打或全壘打。

大家剛開始當然都打得很遜。

但現在社會中，有太多人待在預備打擊區，或者坐在休息區裡說著「那個投手會這樣投球」或「那個打者沒有那樣打所以才打不到」之類的，不親自站上打擊區，只會評論上場挑戰的人。

上壘的機會，只會留給上打擊區擊球的人。

你可以把「接受人生前輩們的建議」當作「得到上打擊區擊出安打的線

索」。

然後，當你真的站上打擊區時，

「揮棒落空也沒關係，總之盡可能讓自己多站上一個打席。」

這樣的勇氣，肯定會引領你走向光明的未來。

運氣與你站上打擊區的次數成正比。

三十歲最重要的是，你能站上多少次打擊區。

重要的並非一上場就擊出安打或全壘打，要思考打擊率也還太早。為了將來有天能擊出全壘打，總之需要多多站上打擊區。

這份準備就是「獲得知識」、「聽有經驗的人分享」、「採取行動」等行為。

Chapter 2

三十歲時該培養出的人際關係能力

三十歲，無須畏懼人際關係改變

你到底要老是和同一群人混到什麼時候？

有些人即使到了三十歲，「現在仍然每週都會和學生時代的朋友一起去喝酒」，如果你也是這種人，建議你最好重新審視一下自己。

友情萬年不變是最棒的事，但當你越在工作上下工夫，你的交友關係和人脈也會隨之變化。

也就是說，與你交往的人隨著你的進化出現改變，這才是本來該有的樣貌。

如果你的朋友和你同樣認真工作，從三十歲時的社會地位上來看，「彼此都很忙，沒辦法常常見面」的狀態才是最健全的關係。

人類可分兩種，渴望進化的人，以及抗拒進化的人。

如果和你關係親密的是一群抗拒進化的人，他們接下來極可能會妨礙想往前邁進的你進化。

正因為如此，在同為三字頭的年代，你三十一歲時和三十九歲時的人際關係非得有一百八十度大轉變才行。這是因為，正在進化的人隨著年齡增長，肯定也確實朝更高層級的世界前進。

別再超乎必要地依賴現有的人際關係了。

在變動快速的這個時代中，即使是人際關係也要有「變化才是安定」的想法。

別偷懶與身邊的人共享價值觀

「現有的人際關係很重要，所以我想珍惜工作的時間，也想珍惜和夥伴共度的時間。」

或許你會這樣想，我也在此提供解決方法。

當你確實走在自己前進的道路上，同時也想與和你一起走到今天的人們維持良好的人際關係時，有件事非做不可。

這最重要的事情是，把你現在的價值觀告訴現在在你身邊的人，並且與他們共享。

朋友、夫妻、情人、雙親、孩子，或者是社群團體。

在各種關係線架構出來的人際關係中，勤勞與大家共享價值觀，才能替你彌補交流溝通的落差。在此盡全力讓對方確實理解你，就能讓你們的溝通變得流暢，對方也會大力支持你。

如果對方是會在此扯你後腿的人，你得認清這段關係打一開始就是建立在利益之上，你只需要好好堅持走在自己的道路上就好了。

三十歲，盡全力珍惜重要人事物

不用那麼認真尋找「討厭的人的優點」

時間真的相當奇妙，和喜歡的人在一起，做喜歡的事時總覺得時間過好快。另一方面，當你得和不喜歡的人共度時，就會感覺時間無盡漫長。

有人會說，此時該「不管對方有多討厭，都要找出對方的優點，然後聚焦在優點上面」，但我對此提出異議。

人生中，沒什麼比把時間花在討厭的人身上更浪費的了。

三十歲這時期本來就很忙碌，我認為根本沒必要勉強自己花心力在討厭的人身上。

即使這個人不在場，當你思考這人的事情時，等同於把自己的時間奉獻給對方。

更重要的是，人類懷抱的強烈不快感與厭惡感，其力量超乎你的想像，會消耗大量能量，這也太浪費你寶貴的時間了。

把和喜歡的人共度的時光增加至現在的三倍

話雖這樣講，或許你也沒辦法突然斬斷原有的人際關係。

既然如此，那就盡可能增加和喜歡的人共度的時光，或是做喜歡事情的時間吧。

只要創造出「已經把時間填滿」的既成事實，就能光明正大拒絕討厭的人的邀約。

只要簡單如此思考就好。

和喜歡的人共度的時光大幅增加後，你的心情當然也會變好，如此一來，身邊的人也會跟著變幸福。

為此，就要盡可能增加與喜歡的人共度的時間。

人在判斷對方時，比起這個人的本質或事實，首先會根據沒有理由的直覺來判斷對方是怎樣的人。

當看到總是很開朗的人，就會想去和對方說話，也想加入他們的圈子。

如此一來，說和你在一起的同伴們給人的印象，也決定了你帶給他人的印象一點也不為過。

既然如此，那你就更該在喜歡的人，與不喜歡的人之間劃下清楚界線。

為此，你首先需要做的，就是選擇把時間花在誰身上。

請試著排除社會觀感與束縛，思考真正重要的人是誰，和誰在一起的時候最能讓你展現自我。

確實與對你真正重要的人往來，也是三十歲時很重要的工作。

三十歲，培養出讓身邊的人活躍的力量

你能讓自己身邊有多少優秀的人呢？

不管是回顧我自己的經驗，或者回顧工作中接觸的人們的經驗，平均看起來最強烈顯示出「自我」的時期，無疑就是三十歲這年代。

已經習慣社會，也坐上一定地位的這個年代，開始表露「想要得到好評」、「想要獨立完成所有事情」等心情也不稀奇。

但你要記住，工作這東西，基本上以團體戰運作。

特別是在三十歲接到團隊負責人等職位的人，每個團隊成員的行動，都會成為評價你的要素。

你能讓自己身邊有多少優秀的人才呢？

除此之外，你能讓這些人才多努力為你奉獻一己之力呢？

你特別該有所意識，這些都會影響到你的評價。

多虧老天保佑，我一直以來都很有貴人緣。

這個美好的「邂逅運」非常值得我驕傲。

而現在也是相當值得感激，我身邊有非常多優秀的人才。

我主辦的私塾的學生中，有毫無職涯經驗，沒有相關知識，而且還是鄉下小鎮的主婦，可以靠商務教練工作賺到月營收一百萬日幣的女性，也有處女作就賣破三萬本成為暢銷作家的人，有擁有超過兩千家健身房的日本首席指導者等等，非常多在各領域第一線活躍的人。

不僅這些特殊才華的人，在我背後支持我的專案團隊中，有負責並營運我最不擅長的架構組織，以及會計及系統部門的協會商業的專家，前大型百貨公司的會計負責人，一手主導年營收超過八十億日幣的企業系統的ＩＴ部門負責人。

如果我逐一介紹，這小節的內容會無止境變長，我身邊有非常多比我還要優秀，一手掌握自己的專業知識，並幫忙我管理的人。

我可以直言，我現在能專心執筆寫作，無庸置疑就是因為有他／她們的幫忙。

我也遇到許多優秀的指導者，回顧我的過去，我在二十歲、三十歲時都適時地遇見指導當時的我所需知識的導師或關鍵人物，接受他們的引導。

將「依賴他人」的想法轉變為「活用人才」的想法

那麼，該怎樣才能提升自己的邂逅運呢？

在我思考這件事時，我想到了一個訣竅。

那就是，當你遇到困擾或真的需要時，老實地請求該領域的專家們：「請教教我。」

常會看見有人認為「身為社長或領袖，就該全盤掌握才行」，但我不這麼認為。

我不認為社長就該熟知所有領域，只要是人，肯定會有一、兩項不擅長的事情。不，反而該說，多數越優秀的人，除去最耀眼的擅長領域之外，全都漏洞百出。

這樣一來，老實借助該領域專家的力量才是捷徑，整體能更有效率運作。

自己感到非常不擅長的事情，老實地去拜託其他人幫忙就好了。

「讓人知道自己不擅長什麼很丟臉，會讓人覺得我很沒用。」

你完全不需要有這種想法。

更別說「會被人瞧不起，被人當蠢蛋看待」，大概也不會發生這種事。

即使真的發生了，這點小事和結果相較根本微不足道。

大概超越你的想像，特定領域中能力高強的人，其實在等待自己出場的機會。只要向對方說明狀況，老實低頭請求對方，幾乎所有人都會開心表示「我就等著有人來找我」。

首先明確掌握自己不擅長的領域，接著把該領域的強者夥伴擺在你的身邊。正因為是打團體戰，身邊人的力量會成為你的力量。

既然如此，先決條件就是你得要先掌握自己的弱點以及身邊所有人的強項。為此，你可以從平常就將誰是哪個領域的專家等內容製成表單。即使你以為自己已在腦海中掌握，寫在紙上後會讓你發現意外的人脈關係圖，能更明確理解自己遇到困難時該找誰商量。

優秀的商業人士，特別擅長用人。

表面上看起來他在倚賴別人，事實上他正在「活用人才」。

這類型的人又被稱為「舞臺創造者」。

如果你能在三十歲時培養出這種能力，我保證你將來的人生會飛躍式地變得豐富精采。

三十歲，你該知道這些「介紹」的規則

別越過「介紹者」

邁入三十歲後，許多人隨著職務晉升也開始需要承擔主管責任，與之同時，職場與私生活中認識新朋友的機會也會增加。

當中間有介紹人時，你得牢記在心，對話時要在言行舉止及用字遣詞上特別小心注意。

如此之外，有個特別容易引起糾紛的狀況。

那就是越過中間的介紹人，突然直接與被介紹給你的人聯繫。

不理解其中該有的禮節，引發這類糾紛的人，令人驚訝地多得不勝枚舉。

中間介紹人的存在，即使過再多年都絕對不能忘記。

假設將介紹人當作Ａ，被介紹人當作Ｂ。

當Ａ將Ｂ介紹給你之後，你千萬不能忘記找Ａ商量、報告你和Ｂ之間的關係。

「您前幾天介紹了那位人士給我，請問我方便直接與對方聯絡嗎？」

「在那之後，我有幸和Ｂ先生一起工作了呢。」

「全多虧有Ａ先生的介紹，我和Ｂ先生之間有了這樣的發展呢。」

只是這類商量或報告，Ａ就會感覺「你是個很懂得禮儀分寸的人」而放心，往後也必定會繼續幫助你。

特別在商務場面中，要是忘了這類事前、事後報告，Ａ極有可能不會再介紹任何人給你。

這與河川流動類似，只要停下了提供邂逅機會的上游源頭，對仰賴他人介紹的下游來說，等同於水源枯竭。

反過來說，即使稍微有點麻煩，只要好好珍惜上游，隨時都會有水流進你這邊，絕對不會乾枯。

人與人介紹認識的場面特別敏感，再三小心注意絕不為過。

如果你和B之間的商業合作關係，透過第三者傳進A耳中，或者你和B之間的關係變得比A還要親密，這些全都要避免在認識還沒多久時發生。

也就是說，再三注意別讓介紹者的A出現「我被忽視跳過了」的感覺相當重要。

簡單來說，「要對介紹者盡禮數」的表現最為適當。

珍惜介紹者的上游

這是在社會上工作的女性得特別注意的事情。

和女性相比，男性真要說起來是比較重視縱向關係的生物，所以特別擅長取得這之間的平衡。

與之相比，女性比較重視橫向關係。

這跟人類長年累月累積下來，刻印在DNA中的本能差不多。

雖然頂多是我從經驗中得到的主觀想法，我感覺引發這類工作上糾紛的女性比例較高。

發生糾紛後，即使我介入協調，也常看到當事人滿不在乎地當場翻臉。

「我哪裡做錯了？如果做錯了，那打從一開始別介紹給我不就好了嗎。」

但社會有社會的規則。

在商場上，當有人替你介紹很棒的對象時，代表著你獲得了往後公事上的躍進、獲得利益，以及充實人生等無可取代的財產。這件事的價值高得光只有道謝或報告也還不完。

你或許會想：「有這麼嚴重嗎？」

但細心處理這個細膩敏感的部分，絕對不會讓你有所損失。

而這份信賴，準會左右你今後的商務人生。

有些社會上默契類的規則，是你再怎麼感覺麻煩也絕不能漠視的。

學生大多處於橫向關係的社會中，所以在還無法完全脫離這種感覺的二十歲時，可能沒辦法明確掌握這類金字塔關係。

但邁入三十歲後，社會金字塔不由分說地顯著出現在許多事情上，你能不能在受到介紹時盡禮數，是評價你這個人的其中一項基準。

而其中差距只取決於些微的體貼細心。

在掌握這個金字塔關係後，思考該如何架構起與自己相關的人之間的關係，也是三十歲需要面對的課題之一呢。

三十歲，別追求「安穩」與「平凡」

轉職前的三個月怎麼過，決定了你的未來走向

不知為何，日本人很喜歡「平凡」這個詞。

我認為這背後隱藏著「比起發生了無比驚喜的開心事情，平凡也沒關係，我更希望別發生討厭的事情。」這種日本人獨有的「無過主義心理」。

但是，不可以從三十歲就逃避伴隨著困難與成長一起出現的犧牲。千萬別忘記，越逃避困難，債也會越欠越多，而這最後會一次全部報復在你身上。

假設，你現在已經決定三個月後要辭職。

這種情況下，你是思考著「好想快點辭職，三個月可不可以過快一點啊。」工作，或想著「只剩三個月了啊，剩下的時間也不能混，得好好努力。」工作，絕對會改變你之後的未來。

如果在剩下的三個月可以拚了命工作，身邊看待你的眼神也會改變，大家都會全力支持離巢展翅高飛的你。

在被挽留、眾人不捨的情況下，也會改變你自己的意識，這絕對會帶給下一份工作良性影響。

相反地，如果你一直想著「時間能不能過快一點啊」，毫無幹勁地工作，在新職場上也絕對會陷入相同狀況，同事們也不會為你加油。而且當你轉職到新職場去後，極可能創造出比先前更糟糕的狀況。

假設你是因為和上司處不來而決定換工作。

當你為了逃避上司辭職後，你在新的職場可能會遇到更討厭的上司。

也就是說，當你沒有從處不來的上司身上學習就先逃跑，上天為了要讓你學會這件事，就會給你更大的考驗。

而且直到你真正學會前，會不停重複相同循環。

我見過許多人有類似經歷後讓我感到很神奇，不禁認為，這或許是種定律吧。

驚濤駭浪，放馬過來吧

你若是感覺「不管到哪都會遇到討厭的人」或「總是對相同事情煩惱」，那並非起因外在因素，而是出在你自己身上。

如果沒發現這點，發生任何事立刻認為「是別人的錯，是社會的錯，是世界的錯」，就無法學到該學習的事情。

為了不遇到這種狀況，為了你自己的未來，別從眼前的辛苦及困難中逃避比較好。

不停逃避的人生，無法讓你自己進化。

不管試圖尋找怎樣輕鬆的道路，人在進化、成長途中理所當然會遇到大大小小的波瀾。當你放棄困難或放棄些許犧牲，便不可能成功。當你有「不能逃避，完成眼前的課題」的意識後，很不可思議的是，波瀾會自己主動逃跑。

當痛下決心要成就什麼時，抱著「驚濤駭浪都儘管放馬過來吧」的氣勢應對，如此一來，會發現大多「其實也不是什麼大事嘛」。

你所畏懼的波瀾的真面目，往往只是點小事。

替波瀾設下基準值吧，如此一來，你會發現幾乎所有事都在「預測之內」。

只要在預測內，就沒什麼好怕的了。

我在本書開頭重複提過許多次，三十歲特別是在各種層面都需要變化的時期。

用自己的雙手抓住挑戰全新事物、不曾體驗過的事物的機會吧。

而在這種時候，就該用「驚濤駭浪都儘管放馬過來吧」的精神，無所畏懼地邁進吧。

三十歲，才該培養「禮節」

正因為關係密切更需要重禮儀

「關係親密也要重禮儀。」

大多數的人都理解這句話的意思吧。

但問到是否有實際付諸行動，你又會怎麼回答呢？

在出社會之前，或許有人並沒有特別意識「禮儀」這東西，但禮儀才是社會人士最底限的禮節，不管怎樣的場面，沒有禮儀就無法建立起信賴關係。

舉例來說，「家人」是最近在身邊的存在。

你是否因為是家人，就做出隨意看家人手機，或隨意闖入家人房間等欠缺思慮的行為呢？

就算再怎麼親密，也不能侵犯他人隱私。在此侵犯隱私只是恃寵而驕，反而正因為是近在身邊的存在，才應該更加體貼顧慮對方才行。

對待朋友又是如何呢？

二十歲還可以延續學生時代的態度輕鬆往來，但進入三十歲後彼此工作變得忙碌，或是有了新家人，彼此的生活出現變化。

沒有好好理解這點，還以為「我們認識這麼久了，他肯定可以理解」，滿不在乎地要對方配合自己的時間，或者說出否定對方人格的話，你是否在不自覺的情況下傷害對方的自尊心了呢？

如果對方是你今後也想長久交往的人，那你就更應該尊重對方的價值觀。

工作場面取決於禮節

在工作場面上，到了三十歲之後，對於禮儀也能有一定程度的顧慮了。

但你是否只對老闆、上司或是客戶等地位較高的人盡禮儀呢？

決定你有怎樣評價的人確實是老闆或上司，但你真正意義上的評價，說是由離你最近的同事們來決定也不為過。

如果你現在身處統率團隊或部門的立場，請你試著思考，你是用怎樣的態度和下面的人一起工作呢？

是否仗著前輩身分而擺出蠻橫的態度呢？是否將自己的工作全推到下屬身上呢？

如果你心裡有底，請現在立刻改變這個態度。

因為這些事情拉低你的評價就太可惜了。

就算外面的人對你的評價再高，只要身邊的人對你的評價不好，無庸置疑，你一定會被內部的人摧毀。

和你朝夕相處的內部人員給你的評價，比起對你不了解的外部人士給你的評價更具威力。

反過來說，即使發生了讓外部人士產生誤解的事情，只要內部人員確實支持你，誤會在最後會如颱風過境般消失得無影無蹤。

但不管怎麼說，內部、外部同等重視絕無壞處。

別被對方的頭銜或年齡左右，一視同仁地重禮儀，巧妙地與身邊的人和諧相處過生活吧。

建立好這個心態，也是三十歲該做的重要事項之一。

三十歲，珍惜「與超乎想像的未知相遇」

別總是泡在同世代裡，跳進更高階的世界中吧

我自己回顧至今的人生後，感覺出社會後的速度明顯變快，充滿刺激且開心，你呢？

學生時代也過得很開心，但那再怎麼說都在狹隘的社會中。出社會後行動範圍變廣，與之同時，交友關係也會不停擴張。

人的世界觀與價值觀會隨著自己所處的世界而改變，且透過與在此認識的人的交流更加擴展，讓自己成長。

在這之中，能帶來最大幅度成長的就是「與超乎想像的未知相遇」。

著手挑戰至今不曾體驗過的事情、不曾挑戰過的事情時，接觸過程中遇見的人、事、物，會帶給人類成長。

「高階世界」或許會讓你感到門檻有點高，但簡而言之，你只要去和你憧憬的人、被譽為一流人士的人，或者在各領域被稱為「專家」的人有所交流就好。

舉例來說，去讀對方的著作，上網搜尋這些人會聚集的地點並實際前往也不錯。

只是接觸那個世界，也會讓你產生階級提升的感覺。

一開始只要做到這點就好。

這正是正向意義的「美好的誤會」。

這個「誤會」會成為引領你飛往高階世界的翅膀。

在那裡得到的新發現，引領你成為與過去完全不同的自己，帶你走向不曾見過的世界。

如果實際前往這些人聚集的地方有困難，那偶爾去一流飯店住宿也是個方法。

待在一流飯店的大廳悠閒喝咖啡，光這樣就能享受一流氣氛，也能自然學會與地點相符的舉止與禮節。

或許一開始會感到緊張，或感到格格不入。

但別繼續猶豫不決、推辭走進這類場所。如果你想在工作上成功，想躋身一流人士之列，你就需要有闖入高階世界中的勇氣與覺悟。

體認在一流人士包圍下感受的錯覺

接觸一流世界。

這個行為還會帶來另一件好事。

當你置身於此，你應該會發現，你認為高你一等的人意外地親切且和善。

常聽人說「一流的人從出生起就有不同的光環」，但我所認識的，被譽為一流人士的人當中，我從未見過出生就是一流人士的人。

被譽為一流人士的人，比任何人更早採取行動，比任何人勤奮工作，且比任何人累積更多眼睛看不見的努力。

他不會安逸於現在的地位，總是追求進化，正因為不惜任何努力，才能始終維持一流地位。

這些人在站穩現在的地位之前，肯定遭遇過一連串苦難。

一定是在有過無數不甘心與慘痛教訓中登頂。

但在這樣的困境中，他也相信著自己將來有天能成為一流之人，不停闖進高一等的世界中，才有辦法創造出現在的他。

被譽為一流人士的人，他的起跑線和現在的你相同。

你將會理解這個事實。

與二十歲相比，三十歲和高階的人接觸的機會必然增加。

只要你別挑剔別躊躇，不僅和你尊敬的上司或崇拜的前輩，和客戶公司的老闆、活躍於第一線的專家們說話的機會也會大為增加。

這種時候，你就該抱持「我將來有天也要成為這些人的一分子」的心情，用向對方學習的態度接觸對方。

請讓我再次重申。

你的三十歲，會因為「與超乎想像的未知相遇」大幅改變。

三十歲，要有個好導師

三十歲時要決定好找怎樣的人當導師

三十歲會面臨一連串的抉擇。所以會迷惘，也會停下腳步。

這種時候能幫助我們的就是「導師」。

「導師」是你的老師、上司、前輩、講師等身邊的人之中，你很尊敬且是理想目標的人物。是可以成為你人生中的老師，在你的人生中發揮導航角色的人物。

以我父親的「向登頂者問道」來解釋，「導師」也就是「登頂者」。

熟知登山方法的導師，不僅能告訴我們到山頂的路徑，還會告訴我們哪裡是景色優美的休息地點，以及哪邊是有危險，千萬不能走的路線等等，告訴我們人生中可能發生的各種事情。

為了擁有更好的人生，自己學習、努力也很重要，但當你迷惘、煩惱的時候，引導你朝更好的方向前進的存在也不可或缺。

我很幸運，在三十歲時就遇到了人生的導師。

給我這個機會的人，是我的大恩人，我老家當地企業的已故社長。

那位社長帶我去參加一場演講，我在會中第一次見到我的導師。

很幸運的是我經營的店離演講會場很近，導師隔天還特地到我的店裡來。

那時導師對我說「如果你有什麼困擾，隨時可以來找我。」因為他這一句話，我有幸直接接受他的個人指導，讓我的人生頓時開闊起來。

最幸運的是，我遇見導師的時間正巧是決定人生九成的三十歲開頭。

剛接受導師指導時，有好幾次當我提出「我想去這邊」時，導師反對我：「我認為別去那邊比較好。」

當我詢問「為什麼不可以去那邊呢？」後，「因為往那邊走會碰到懸崖。」或「你想去也可以，但那邊有陷阱喔。」等等的，導師會細心仔細地逐一告訴我理由。

當我循導師給我的建議方向走，接連發生讓我慶幸「好險我沒有往我自己想走的方向走過去」的事情，也讓我對導師更加忠誠了。

在那之後，我也在各個領域遇到為數眾多的出色導師們，成為創造出現在的我的基礎，而有許多人現在仍引領著我往前走。

選擇導師時必知的重要事項

「請問導師要限定一個人比較好嗎？還是有各種不同類型的導師比較好呢？」

時常有人這樣問我，但我建議大家，同一個時期別有兩位以上的導師。

這是因為從結果上來看，限定一位導師讓你有飛躍性成長的機率壓倒性高。

但這邊有件事情希望你千萬別誤會。

那就是「一個領域限定一位」導師。

正如每個人都有自己擅長的領域，導師也有各自擅長的領域。關於工作要找這個人，生存之道要問這個人，如果想在人前說話就找這個人，想寫書找這個人，要學釣魚就要找這個人，要學英文就找這個人，要學做菜就找這個人等等，最好的狀態就是每個領域都有專業的導師。

如果在同一個領域有太多導師，只有資訊不斷增加，結果會讓你不知該選擇哪個才好。

用拳擊來比喻，四處去請教不同導師，就等於「刺拳找這間道館的這位教練，鉤拳又去不同道館，直拳是到外縣市的知名道館學」。

如此一來，身邊的人當然會問你「所以你到底想要做什麼？」指導你的人也會覺得很難辦事。所以說，一個領域最好只選擇一位導師。

導師的教誨，首先從乖巧接納開始做起

去請求導師指導的不是別人，就是你。

當你遇到困擾時，剛好有位該領域的佼佼者開口問你：「我來當你的導師吧？」這種事情發生的機率近乎零。

如果你身邊已經有導師，那你是非常幸運且將來大有可為的人。因為這些被稱為成功者的人，幾乎可說都在三十歲時找到自己的導師。

而且我建議，你要在現在這位導師身邊徹底學習。

反過來說，如果你現在還沒有導師，

「這個人為什麼能如此成功呢？」

「為什麼這個人能吸引這麼多人來到他身邊呢？」

「為什麼這個人說出口的話這麼有魅力呢？」

你要隨時開啟這類雷達，用你自己的眼睛選擇人生的導師。

而當你找到「就是這個人！」時，你要擁有乖巧接受導師建議的純粹心靈。

導師有導師的，弟子也有弟子的美學。

要擁有這樣的心態，才能結起良緣。

三十歲是能老實接受他人建議，最適當的年齡層。

正因為擁有靈活的思緒，當擁有導師後，就要徹底向對方學習。為此，你自己要擁有看清楚並選擇好導師的能力顯得非常重要。

如果你想更具體了解好導師該有怎樣的條件，在下曾出版《影響力》這本著作，希望你也能一讀。

Chapter 3

三十歲時該培養出的工作能力

三十歲，開始創業、從事副業吧

搭上創業、副業的趨勢

最近的資料顯示，有三成的新進員工會在三年以內離職。

儘管是經歷了千辛萬苦的求職活動才得到的工作，三人就有一人轉職，這現況或許可說是「現代變成了一個容易開始做自己想做的事情的社會了」的證據呢。

實際上看了我身邊的上班族，幾乎沒一個人三十歲時沒換過工作，即使有，大多也總抱著「我要在現在的公司待到哪時？」的疑問。在這資訊時代中，知道身邊人動向的機會以及選項大增，迷惘也成正比增加。

不用多說也明白，轉職伴隨著風險。

可分為「提升經歷的轉職」與「降低經歷的轉職」，但現在「降低經歷的轉職」壓倒性較多。

換工作的次數越多，年齡逐漸增加，社會信用度卻逐漸下降。

正因為如此，對上班族來說，轉職是會改變人生的岔路，需要很大的勇氣與覺悟才有辦法站上這個岔路。

但有個方法可以拯救這些人。

那就是「副業」。

最近有企業鼓勵員工經營副業，有人說今後會越來越多企業這樣做。

話說回來，想換工作的最大理由是「付出的勞力與獲得的酬勞不對等」，也就是對自己獲得的評價感到不滿。若是如此，就更該思考「有沒有現在工作外的賺錢方法呢？」比較好，對公司來說，也可防止替員工加薪後帶來的固定費用支出增加。

我是現職的經營者，百分之百贊成員工經營副業。

我非常鼓勵自己經營的三間公司的員工從事副業，我認為大家都該擁有多個賺錢管道，局限單一職業沒有任何好處。現在有非常多靠電腦或手機就能做的工作，也有非常多上班族只在週末做副業。

而且，即使你想要跳槽到和現在職業完全不同的職種去，不實際做做看也不清楚是否適合自己。

無論有多喜歡，沒辦法賺錢就沒有意義，有時當興趣就好。

既然如此，那就先從副業開始嘗試起。接著當副業上軌道後，再來思考是否要辭掉現在的工作創業。

首先從本業與副業兩立開始做起

我想要大聲疾呼，世界上的老闆們，你們都該開放讓員工經營副業啊。

與其不安「員工辭職了該怎麼辦」，倒不如乾脆由老闆自己領頭開始做副業。

我二十五歲時開始創業。

也就是說，我二十多歲時已經是個初出茅廬的經營者了。

我最先從事的是章魚燒攤販，接著是居酒屋、經營餐飲業，接著是婚顧事業。

但在我邁入三十歲之後，我的腦海中閃過一抹不安。

「我喜歡現在的工作，讓我願意到死都做這份工作嗎？」

最後得出的答案是「NO」。

雖說如此，當時我有很多員工，且事業本身託眾人的福經營得很順利，我沒辦法馬上割捨。

當時我抽空開始的，就是寫書、演講、舉辦研習等，後來變成我現在本業的人才培育事業。

一開始當然邊摸索邊做，不可能突然就一帆風順。我覺得身邊的員工也只有「老闆的娛樂」的感覺吧。

但當我的書銷量成長，演講場數增加，我發現了這份事業的可行性，以及自己心中「我想在這個世界活下去，自己想做一輩子的工作就是這個。」的「喜歡」。

從那之後過了十五年，就算沒有我，員工們也把店鋪經營得很出色。獨立開了自己的店，剛強活著的員工也增加了。

所以我才能在三年前，將自己的據點從九州移到東京，並且創立了新公司。而我現在以自己的經驗為資本，從事支援各領域老闆的出版，演講，研習的劇本撰寫指導，商務教練及顧問等各種不同的事業。

如此思考後，我是以一個事業為軸心建立起下一個事業，接著逐漸將新事業轉換成本業，我所做的就是將自己的副業逐漸轉變為主業。

從我的經驗來看，我認為老闆就該率先領頭開始經營副業。

三十歲是最適合創業、經營副業的時期，別無他選

接下來的時代，一個人不會只有一個自我認同，而會變成一個人理當有

多個自我認同的時代。而這也會進一步影響日本的經濟發展。

現在快到四字頭中段班的我這樣想。

那就是「我可以在三十五歲前開始經營副業真是太好了」。

我認為上班族最適合開始創業、經營副業的年齡層，就是三十歲。

當然也要視事業內容而定，同時從事兩份工作絕不會只有開心的事情。不僅行動力要強，時間、經濟上也得有寬裕的空間，並且還要有某種程度的社會經驗和信賴才行。考慮以上要素後，開始創業、經營副業的時期果然還是三十歲最佳。

四十歲之後，束縛你的事情明顯增多，不僅無法靈活接受新事物，本業的責任也變得更重。

再加上四十歲之後，是進入正式開始儲存教育資金與老後生活資金的時期。正因為如此，就算稍微有點勉強，在三十歲建立好賺錢的基礎相當重要。

三十歲，就該挑戰各種工作場面

受人請託等於接受挑戰

工作就是接受一連串的請託。

反過來說，正因為有委託才有工作做。

特別到了三十歲，熟悉工作之後，他人的請託也會隨之變多。但如果老是被人拜託工作，有時也會產生不愉快。

「為什麼我非得做這件事不可啊？」

「我很忙耶，交給其他人啦。」

或許你會忍不住這樣想。

但這並非是把麻煩事推到你身上，而是對你的信賴變大的證據。

正因為如此，我建議當有人拜託你做事時，你要別挑剔工作，盡可能全接下。

「受人請託等於接受挑戰」這句話說得很棒，我希望當你碰到工作上拜託你做的事增加時，你要將其視為這是認可你將來大有可為的證據。

而且話說回來，三十歲時只挑想做的請託來做也太可惜了，如果太過定型，很可能會限制了你的成長空間。

三十歲還有堆積如山該吸收的事物，不管多小的工作，絕對都能成為讓自己成長的養分。

總是要以超越期待為目標

當你受到請託時，你該理解你同時接受了兩個考驗。

第一個考驗，「可以做出怎樣的成果」。

交付給你的工作，可以分成「不如期待」、「正如期待」、「超越期待」這三種評價。

如果做出超越期待的成果，對你的評價就會隨之上升，正如期待便維持現狀，不如期待則會降低你的評價。

正如我剛說過的「受人請託等於接受挑戰」，請託你的人會在無意識中對你作出其中一種評價。

第二個考驗，在你接受請託時的「反應」。

請試著想像。

當你拜託別人做事時，心不甘情不願回應的人，和回答「我很樂意！」的人，你會想要拜託誰呢？

誰都會毫不猶豫地選擇後者吧。

也就是說，只有爽快回答「我來做！」的人才能得到他人的請託。而這種人正是受到身邊人信賴、喜愛的人才。

只要接下請託，總是要盡全力做出超越期待的成果。

不管多小的事情，都要做出讓人感覺「他所做的超越我的期待呢」的努力。

反正都要做了，就別露出厭惡表情，別用鬧情緒的態度接下工作。

別忘記三十歲的自己還是「接受考驗的立場」，別忘記維持謙虛的態度。

每一件請託，全都是機會。

三十歲，磨練「簡報能力」

別只是輸入，也差不多該訓練輸出了

邁入三十歲後，各種場面在人前說話的機會也會增加。也就是說，這是你的簡報能力開始受考驗的時期。

在什麼聚會中的自我介紹，職場上的簡報，早會時的演講，結婚典禮上的友人代表致詞等等也包含其中。

身為團隊領導人可能被要求說幾句話，身為團隊代表希望企劃或提案可以通過等等，你自己在人前發言的機會應該會遽增。

業務或是銷售工作等，當你將公司的商品或服務推銷給顧客時，你的簡報能力將會大幅左右你的營收。

非常多人會在此挫折、煩惱。

儘管如此，教你提升簡報能力的地方意外的少。學校不會教，父母也不會教。更別說新進員工研習或一般員工研習了，幾乎不會詳盡地教你該怎麼做。

正因為如此，有許多人會去參加說話方法的講座或自我啟發研習等活動來找出答案，但我看過許多人只是輸入完畢便滿足，沒嘗試輸出就結束了，這讓我感到很可惜。

為了磨練輸出能力，就要行動與實踐，也就是只能累積次數及經驗。

人只能靠自己的雙腳行動，實踐才有辦法真正學會。就算花再多錢輸入，只要你不行動不實踐，就沒有任何獲得。

二十歲時會以輸入為主。

特別是剛出社會那時，應該有不少人光吸收與工作相關的知識就耗盡心力了。

但進入三十歲之後，開始需要將先前所吸收的東西轉為輸出，此時最需要的便是簡報能力。

舉例來說，介紹同一項商品時，對方的反應會隨著講者的簡報能力好壞出現變化。就算你說再多想讓對方理解商品優點，只要無法打動對方的心就沒辦法吸引對方購買。

也就是說，並非單方面傾倒資訊，能理性闡述且感性打動對方的技術，才是真正的簡報能力。

簡報能力要如此鍛鍊

我的其中一個工作是培育、指導講師，站在這個立場上，常常會有人問我「該怎樣才能培養出簡報能力呢？」對此我絕對都會如此回答：

「首先請你積極爭取上臺發表的機會，這樣就可以了，每次登場機會都是你的練習。」

我說完後，多數的人會回答「什麼，我做不到啦。」或「我很不擅長在人前說話。」

但我並非要你站上什麼大型演講會或活動舞臺上說話。你可以在知心好友們面前，針對自己喜歡的東西作說明。這也是種簡報，根據人數不同，甚至也能說登臺發表。

如此一來，你會發現每個人都在日常生活中自然地使用簡報能力。先生希望太太可以提升零用錢額度時，小孩央求父母買東西時等等，思考該怎麼說話才能如願以償，這也是提升簡報能力的自主訓練。

也就是說，要提升簡報能力，就要多多創造表達自己心意的機會。且在日常生活中就要意識著，所有向他人表達意見的機會全都是一次簡報機會，這正是提升簡報能力的捷徑。

三十歲之前，大多數的人都是聽者吧。但一邁入三十歲，當自己成為講者後，你會發現登臺的人要學習的、要準備的都比其他人還多。

不僅內容，聲調高低、態度，為了提升聽者的動力得使出渾身解數說話，其實並非易事。

看見在人前說話的人，意識到這些只有登臺者才能理解的努力與辛勞，也會成為提升你簡報能力的助力。

我並非要你現在立刻在人前說話。

首先我希望你可以先在你身邊的社群團體，或在你容易開口說話的朋友或家人面前，練習表達自己的想法。

你現在喜歡的事物、著迷的事物、感動的事物等等，意識著將這些告訴旁人並主動積極去做。

如果你隸屬於團體或社團，自己主動企劃、提案活動或研習，並且自願當主持人也是個不錯的方法。

邁入三十歲之後，自己主動爭取上臺表達的機會，成功傳達出想法的經驗，肯定能磨練你的簡報能力。

三十歲，就該靠雙腿賺錢

工作順利的人不會出一張嘴，而會先動起來

我曾在電視上看到某位經營者被問到「出社會後怎樣的人會成大器？」時如此回答：

「能夠有所成長的人，當他發現看起來很好吃的柿子時，就已經開始爬樹了。普通人應該會先想『這可以摘嗎？』『該怎麼爬樹呢？』但會成長的人總之就先開始爬樹。不會思考失敗、他人眼光等多餘想法的人，才是將來大有可為的人。」

我也非常認同他這段話，這是一段完美表現出成功之人行動的譬喻。

做事順利的人，會在煩惱前先採取行動。

這類人的思考模式為「先挑戰看看，從中了解有哪裡不足就好了」，而這樣的思考模式將來也不會改變。

這個「先挑戰看看」的想法正是「行動力的源泉」，我認為是現代日本人必備的能力。

「靠雙腿賺錢」真的過時了嗎？

不久前常聽到「業務員就是要靠雙腿賺錢」。

業務員辛勤地頻繁拜訪客戶，藉此取得訂單。業績尚未達標時會聽到上司說「靠你的雙腿去跑來啊」，接著便繫好領帶出去跑業務。但現代社會開始瞧不起這種做法。

線上互動成為業務員的日常。

即使看到上班族撐陽傘，也沒人對此提出異議。

最近我搭計程車時，常會看到一個廣告影片。

某位演員飾演的上司，對著年輕的下屬說：「聽好了，業務員總之就是要靠雙腿賺錢，你看看我的比目魚肌！」說完後還把自己的小腿肌肉給下屬看，是帶有娛樂調性的廣告。

每次看到這個將這位演員飾演的上司的做法揶揄為「過時業務」的廣告時，我都感到很不對勁。

我很理解，現在這個時代確實不太能接受「熱血」。

但這真的過時了嗎？

可以不親自拜訪，只靠網路解決一切嗎？

我絕不如此認為。

反過來說，親自拜訪才是接下來的「新時代業務」。

在現在的時代這樣做，會被視為稀有人種而提升自身價值。

但很遺憾，大多數被廣告影響認為「沒錯，這已經過時了」的人，結果只是隨波逐流，「因為大家都這樣說啊。」的態度極可能讓這些人吃大虧，

過著迷途羔羊般的人生。

即便是大多數人的做法，但回顧歷史之後可以發現，幾乎不曾見過被風潮煽動的人得到巨大寶藏的例子。

你要盡早察覺這件事。

你要理解，當許多人開始說起「接下來是這樣的時代」時，反向操作可以找到寶藏的可能性極高。

現代是個想要什麼東西，上網點一點就能買到的時代。

辦公室用品、生活用品全都可以點一點完成下單，當天就能送達公司或家裡。幾乎已經不需要特地到附近的超市採購，網路已經成為生活主流。

全部都「靠雙腿賺錢」的時代或許已經結束，能提升效率的部分就該儘管善用。

但我認為正因為是這樣的時代，故意用大家都不做的方法做事，就能創造出與他者間的差異，你認為如何呢？

舉例來說，現在已經變成用電子郵件問候客戶新年快樂也不成問題的時代了。

但在此，刻意選擇親自拜訪問候。

如此一來，對方會對專程前來拜訪的你產生特別想法，這應該是大家都能簡單理解的心理。

追求效率固然重要，但花時間、花工夫才能建立起更深層的信賴關係。

不管戀愛還是工作，沒方法能勝過「面對面溝通」

花時間、花工夫。

同一句話也能套用在男女關係上。

假設你是女性，「頻繁聯繫但不太能見面的男性」與「聯絡頻率普通，但會頻繁來見面的男性」，你會選擇哪個呢？

我想，選擇後者的女性應該壓倒性多。

雖然也取決於每個人的價值觀，無法一言以蔽之，但我認為花費時間與心力，才有辦法感受對方心意有多強烈。

聽說現在的年輕人，連告白也用通訊軟體的比例增加了。如果要說這跟以前的情書沒兩樣我也不能多說什麼，但只是指尖點來點去的簡單行為，真的可以表達心意嗎？

如果想要感動對方，實際見面看著對方的眼睛說話，我想這是恆久不變的最強表達方法。

不僅戀愛。

卯足幹勁想開始新事業的菜鳥創業者或預備軍，也常把「將來有天想要舉辦研習或講座」掛在嘴上，卻只想靠社群網站攬客，許多人完全沒將靠自己的雙腿攬客這方法列入考慮中。

在我從事協助創業的顧問工作時，我會建議客戶「包含介紹自己的意義在內，你要不要企劃一場交流活動看看呢？」客戶聽到這句話後立刻變了臉色。

我當然理解現在的攬客主流方法以網路為主。

但實際上，只透過社群軟體或網路很難表現出你的熱情。

既然如此，就要先和對方見面，直接表達想法，這種做法的效率應該更好。

如果想對他人表達自己的想法，首先就把腳動起來，接著在現實世界中表達，請重視這件事。

「感動人心」乍看之下是件難事，其實並非如此，只要你率先採取行動，你便會發現令人意外的，輕而易舉就能讓身邊的人跟著動起來。

只有採取行動的人才有辦法感動人心。

如果你想讓他人動起來，除了自己先行動以外別無他法。

當然，不管柿子看起來再好吃，不實際吃吃看也不清楚是否真的好吃。

即使千辛萬苦爬上樹好不容易才得到手，那也很可能是澀柿子。但在如此挑戰後，人可以從中知道許多方法，也能鍛鍊眼力。

為了知道真相，除了自己行動外沒其他方法。

即使那和你的想像不同，但做過的行動絕不會白費。

就連感到失敗的事情，將來有天肯定也會成為你的財產。

三十歲，總之要重「量」不重「質」

真正的訓練就是「歷練數」

挑戰第一次嘗試的事情時，每個人多多少少都會有點緊張。

因為工作性質，我要在少則數百人，多則數千人面前演講，所以常有人問我：「請問你登臺時不會感到緊張嗎？」

前幾天，我的學生也問了我相同一句話。

這位學生說他只要一站在人前，就會因為極度緊張而無法好好說話，不管怎樣做足事前準備，都無法從緊張的詛咒中解脫。

看在他眼中，感覺我能在那麼多人面前大大方方演講是非常不可思議的事情。

自我二十八歲有緣第一次登臺演講以來，大小場次全部加起來，這十七年間有將近三千次登臺演講的機會。

當會場氣氛不是很歡迎我時，多多少少有點緊張。如果聽眾不認識我，他們的反應就會平淡，我也曾因為這樣差點挫折。

但我能跨越這種狀況，現在仍能在人前說話，只能說多虧有「歷練數」。讓自己奮起，持續登臺演講的結果，才能創造出這個數字。

壓倒性的量才能創造出壓倒性的質

有句話是「重質不重量」，但關於提升在人前說話的技能一事，我認為該「重量不重質」。

乍看之下，很容易認為比起量應該要更重視品質才好，但關於想要能好好說話，首先「去挑戰、增加歷練數」更加重要。

三十歲與二十歲相比，會變得更擅長運用時間，也更從容。

正因為處於這個年齡層，所以希望大家首先要把時間花在想做的事情上，挑戰完成的量。

三十歲，特別是理解自己可能性的時期。

無論如何不擅長，只要是你真正想做的事，你就別放棄持續且要多做一點。如此一來便能自然而然放鬆肩膀力量，培養出巧妙做出「品質」的能力。

再加上，你如此反覆努力這件事，肯定會有人看見並且支持你。

只要知道有人支持自己，就能讓人更加湧現幹勁。

接著，這份幹勁又會帶起另一個良性循環，進一步提升你做事的品質。

三十歲，理解「自己的準則」

事前花工夫、花時間準備，就能提高成功率

在工作場合中，簡報或活動等背負公司名聲的重大工作，斷言「事前準備決定一切」也不為過。

為了讓重大工作成功並得以進入下一個階段，接下來請讓我闡述事前準備的重要性。

事前準備，應該是每個人從學生時代起就培養的技能。學校的考試、課前預習、大考等等，事前建立計畫、掌握方向、作好對策，你怎麼努力應該就能得到同等的收穫。

另外，當遇到需要演講時，為了不讓自己正式上場時頭腦空白，模擬正

式上臺的練習也是種事前準備。

但不管認為事前準備做得再完美，有時也會遇到正式上臺不順利的狀況。發生突發狀況或預期外的事情時，幾乎每個人都會陷入混亂，為了在此也能冷靜下來應對，也需要作好心理層面的事前準備。

創造自己的準則

心理層面的事前準備，就是「創造自己的準則」。只要自己的準則，也就是自己的行為模式夠明確，就能獲得發生任何事都能冷靜沉著應對的強大心靈。

而創造自己準則的工作過程稱為「讀取過去紀錄」。方法很簡單，先回顧自己的過去，理解你人生中發生過的事情，以及當下的思考與情緒傾向。

如此一來，「那時正式上臺時雖然失敗了，但最後留下好結果了呢」或

「那時雖然被那樣講，但結果還是渡過難關了呢」等等，可以用長遠的目光來重新審視當時以為失敗的事情。

像這樣讀取過去的紀錄，就能客觀看待自己行動與思考的習慣及特徵。藉由再次確認，理解自己的思考傾向。結果能讓你得知自己擅長的事情。

而這就是自己的準則。

此時才會第一次察覺，原以為的失敗，其實並非失敗而是學習。得知此事後，接下來就算發生預期外的事情，你也能得到「我那時也跨越難關了，所以不管發生什麼事情都沒問題」這冷靜且強大的心靈。

三十歲，理解「自己的成功模式」

偏離需求的東西當然賣不出去

接下來進一步深入談論這個「自己的準則」。

我過去曾經在某活動中大為失敗過。

某活動公司委託我的公司到某個活動展場參展，我二話不說就答應了。但到了展覽當天早上，我進入會場看見一旁無數的攤位後，立刻浮現：

「糟糕，我來錯地方了……」

這是因為，我瞬間察覺「這個展覽訴求的客群，對我們提案的東西不可能動心。」

果不其然，我的攤位門可羅雀，但一度接下的工作不可能半途而廢，即使知道我們在此格格不入，我還是將我們能做的提案全部做完，最後才離開會場。

從這次的失敗中我學習到，有適合活用我們優勢與形象的場合，也有不適合我們的場合。

正如我前面所述，三十歲面對任何事情，經驗勝過一切。累積各種不同經驗後，就能分辨出自己能活躍與不能活躍的舞臺。

而這正是理解自己的「勝利模式」與「失敗模式」。

在重大工作場合中，要以確實的分析為基礎行動

我前面曾提到「受人請託等於接受挑戰」。

在此要補充一點，雖然我說了別挑食只選自己喜歡的，但如果你知道會造成工作上莫大損害，也別接下這個挑戰。

接受挑戰的最大前提在「工作上的可行」範圍內。

我前面提到的，是在公司內率先採取行動，或是不花錢的工夫等等。理所當然，工作伴隨金錢流動。

關於動用大筆資金的部分，就該事前確實調查之後才著手行動，這是常理。如果你接下大型的工作委託，首先請試著從各種不同角度來分析內容。不僅內容，也要全盤掌握目標族群、企劃最終目標等等事項，並獲得與其相關的所有資訊。接著進一步思考，該怎麼將這份工作帶進自己的勝利模式中。

如果分析結果讓你感覺「不太對勁」，狠下心來推辭也沒關係。有時會讓你在之後慶幸當時的決定是最佳選擇。

也就是說，從「確實分析市場」的觀點來看待事物相當重要。

要養成總是提前調查自己勝處的習慣

但在工作上，有時速度很重要，這種時候該怎麼辦才好呢？

答案很簡單，只要總是從各種不同角度做事前調查就好了。

「這個市場的需求是什麼？」

「能讓自己獲勝的土地在哪？」

「哪種場面是自己的勝利模式？」

在這之中，只要你感覺「我們能獲勝的領域上門了」，到時再立刻回覆即可。

我就是因為事前調查不足，才會在那次的活動中挫敗。

只要分析能力夠高，就能在此確實作出預測。再加上經驗值之後，你就能建構出更多的勝利模式。

當勝利模式越多，你的優勢也會隨之增加。接著就能得到不畏懼失敗，無論發生什麼事情都能堅強面對的自己。

三十歲，培養出「預測能力」

養成時時預測下一步、下兩步的習慣

我前面曾提及對未來的自己有快樂想像的「美好的誤會」，這是種需要「預測能力」的思考方式。

預測能力指的是「想像各種可能狀況後預測未來，並對此建立對策」的意思。

簡單來說，就是先想像未來可能發生的事情，並進一步準備。

看完說明可能會讓人感到很困難，但沒這回事。**其實每個人都在日常生活中，無意識地使用這個預測能力。**

外出時想著「或許會下雨，帶摺疊傘出門吧」即為擁有預測能力才會出現的想法，開車時想著「可能會有小孩子突然衝出來，減速慢行吧」也是運用了預測危險的預測能力。

也就是說，每個人會在日常生活中無意識地使用預測能力，也可說預測能力越高的人越可能掌握先機，且擁有配合預測行動的能力。

預測能力會成為工作飛躍成長的關鍵

同理可應用在工作場合上。

舉例來說，當老闆說話時問：「有什麼疑問嗎？」沒有預測能力的人無法回答，這是因為他專注在聽老闆說話上，根本沒想過老闆會提問。

另一方面，有預測能力的人，立刻能找到問題問老闆。

因為他在聽老闆說話時也無意識地使用預測能力想著「如果老闆待會兒問問題……」已經準備好要提出什麼問題了。只要做好準備，所有行動都能迅速執行，即使在臨危場面也能發揮力量。

邁入三十歲後，會遇到許多測試你應對意外狀況能力的場面。簡報或開會聽到預期外的提問，或發生異常狀況時如何應對，此時正考驗著你的價值。

這種時候，有沒有辦法發揮出力量全靠預測能力。為了鍛鍊預測能力，最重要的是平常要養成對萬事「時時預測未來後再行動」的思考方法。

能在各種場合中預測下一步並做好準備的人，肯定會受到身邊人重用，成為大家另眼看待的存在。

三十歲，當作一個退休年齡

人生九成取決於三十歲的理由

一般來說出社會的年齡，大專畢業生為二十二歲，高中畢業生為十八歲，平均起來大約二十歲上下。此時還分不清東南西北，有種彷彿被丟進社會中放牧的感覺吧。

接受前輩及上司指導四到五年，邁入二十五歲左右時，屬於自己的戰鬥才真正展開。

也就是說，身為社會人士的實力從二十五歲前後開始受到考驗，身邊的人也會開始給你評價。

過了二十五歲之後，身為上班族，和同梯同事或夥伴間慢慢出現差距，進入三十歲後，做出成果和沒做出成果的人之間的差距表露無遺。

而以這些成績為基礎在三十歲時建立起來的工作地位，也決定了你四十歲之後在職業生涯上的評價。

四十歲之後想反轉這個地位，不付出莫大的努力應該很難辦到。只要有心當然不是無法做到，但需要耗費大量能量。

如此一想，在工作上，說九成的勝負都在三十歲結束時大致底定也不為過。

向傳說中的名駒學習生存之道

請恕我稍微離題，我很喜歡賽馬，二〇一九年七月我最喜歡的馬大震撼（Deep Impact）逝世當時，我也憂鬱了一陣子。

我不賭博，所以關於賽馬我不賭博只看比賽，我很喜歡看馬匹奔馳的場面。看著這些賽馬，我發現馬也和人類同樣各有各的個性，有各自的生存之道。賽馬在終點前的賽道有四個區段，拿賽馬來比喻工作，就能清楚看見許多事情。

第一區段。

起跑後立刻衝第一的馬，就是在二十歲時創業的人，或者二十歲即成名的商務人士，他們可說是這類先衝第一的類型。

接下來的第二區段是三十歲。

有沒有辦法在此區段磨練實力，將決定比賽後半段的勝負。

而將人生比賽分出明暗的也是這個第二區段。

最重要的時期為三十五歲到四十歲的區間。

有辦法嶄露頭角的人，平均在這五年內做出什麼社會性成果的人數最多。

從職位來看，一般來說多是升上中階主管，或獨立創業的年齡層，如果想把勝負壓在下一個區段，關鍵也掌握在第二區段的地位上。

如此思考後，或許有點殘酷，但有沒有辦法取得四十歲、五十歲等在人生下半場挑戰勝負的權利，取決於三十歲這最重要的時期怎麼過。

為了迎接四十歲之後的燦爛人生下半場而該做的事

第三區段是四十歲。

賽馬中，「啊，這匹馬速度開始加快了。」身邊的人變得最為興奮雀躍的也是這個區段。

而且四十歲的這十年間，不僅考驗工作成就，也是考驗一個人真正價值的重要時期。

很遺憾的是，三十歲時沒有確實穩固基盤，沒能贏得身邊人期待、信賴的人，已經在這邊被拋下了。這些落後的馬匹，就算能在第三區段跑進最後爭奪勝利的領先組中，也是少之又少吧。

接著第四區段，最後直線衝刺。

被稱為人生最華麗場面的這段直線，過去傳說中的名駒大震撼從最外圈一口氣衝刺跑過終點線。如果你在三十歲時能想像這一幕並感到雀躍，你肯定能成功。

大震撼退休之後也以種馬身分在全世界大為活躍，現在大震撼的後代在世界各國囊括各大馬賽獎項，在牠死後，夢想仍延續下去。

正因為如此，大震撼才能成為傳說中的名駒。

如果拿來比作人類，把五十五歲之後到六十歲之後當成培育後進的時期，你的夢想應該可以變得更大吧。

如此一想，將三十歲的結束，也就是三字頭的最後一天當成職涯前半的一個終點或許也不錯。

也就是將上班族的第一個退休年紀定義在四十歲。

如此一來，現在該做事情的「任務」就能變得更加明確。

現在三十歲的你，正跑在前半戰的第二區段上。

為了要在接下來的第三、第四區段一決勝負，首先先確保卡得好位置，正是第二區段最重要的課題。

與每年都會提升一個年級的學生時代不同，出社會之後沒有時間或年齡切分段落，如果沒有好好意識人生計畫，就很容易懶散地怠惰虛度時光。

正因為如此，將十年視為一個區間，才能有意識地更有意義地運用時間。

Chapter 4

三十歲時該培養出受人喜愛的力量

三十歲，培養出「影響力」

機會是由人帶來的

三十歲，無所謂好或壞，就是個極易受他人影響的年紀。

不僅在工作場合上，戀愛與人際關係上也會出現巨大變化，正因為如此，與二十歲時不認識的人全新邂逅的機會也會增加。

如果你因為這個邂逅得知全新的思考或受到啟發，這對你來說就是段良緣，你可以從中獲得良性影響。

但是，全新邂逅不見得全是良性的。

如果你持續與老是抱怨工作、說他人壞話的人相處，你自己也會逐漸被這種思考汙染，接著你自己也會開始口出抱怨。

簡而言之，正因為三十歲是人尚未完全定型的時期，身邊環境容易影響思考並顯露出來。

也就是說，你在無意識中受到各種「影響力」左右活著。

理解影響力的特性

影響力有三個定律。

第一個，影響力會從強朝弱的方向流動。

第二個，比起自己培養，在有力量的人推波助瀾下，增加你影響力的機率會更大。

第三個，影響力的最大關鍵是「環境力量」。

由此思考，大家都能理解讓自己置身優質環境有多重要了吧。

雖說如此，現實中也難以做到立刻換工作或立刻搬家。

但如果你自覺現處環境確實帶給你不好的影響，最重要的是要在其他場所尋找擁有良性影響力的人。

這也和尋找導師有所關聯，但能給人良性影響的不只人。

當你置身於想居住的地方、想去的地點也能改變你。

如果想接受良性影響，你需要隨時開啟天線，尋找能帶給你良性影響的人與環境。

今後是個人影響力掛帥的時代

你的影響力特別會在工作中的培育人才、銷售、市調等場合中發揮作用。

如果你是有影響力的人，「如果是要幫〇〇先生，那我很願意提供協助」、「〇〇先生有什麼困難請儘管說喔」等等，肯定會出現隨時都願意伸出援手幫忙的人。

不僅工作。

在朋友、戀愛與家人等各種人際關係中，肯定也能得到身邊人無可動搖的信賴與協助。

首先，先試著思考你身邊有多少能帶給你良性影響的人。能給你良性影響的人越多，你肯定也能受到好影響，進而成長、進化。

而在四十歲以後，你將成為影響他人的那一方。

你要將你得到的影響力，傳承給下一輩。

如此一來，從結果上來說會讓你的影響力變得更大。接著受你吸引、聚集而來的人，肯定會從各種不同的角度給你機會。

接下來的時代，個人影響力將會凌駕在工作頭銜之上。

三十歲，總之要專注琢磨「共鳴能力」

只需要這個反應就能讓溝通三級跳

人是希望獲得共鳴的生物。

想要在社群網站上獲得「讚」，正是希望得到他人共鳴的表徵，非常多人從他人的共鳴中尋找自我肯定感。

現在社群網站如此大為流行，正顯現出有多少渴望獲得共鳴的人。

反過來說，也可說有這麼多人「自我肯定感」這幸福容量如此不足啊。

我經營數家餐飲店，我認為除了口味之外，還有另一點會大幅左右店家的營收，那就是**「店員對顧客的共鳴能力」**。

不管提供的食物有多美味，只要店員態度蠻橫，顧客就絕對不可能再次上門。

「顧客追求什麼東西？」

「那位客人比平常還沒有精神，比平常稍微多找他說話吧。」

也就是說，共鳴能力才正是左右一家店營收的巨大要素。

我店裡的標語是「不管發生什麼事情都要微笑以對」，不管面對怎樣的顧客都要笑著待客，徹底貫徹絕不否定顧客的態度。

這是因為，人只要來到不會被否定且能得到笑容的地方，就能提升自我肯定感。而且絕對會想要再次前往這樣特別的空間。

正因為如此，微笑待客在餐飲生意上絕對必要，為了完成這個使命就需要用到共鳴能力。

當然，需要共鳴能力的不只服務業。

每個人和他人對話時，都是在綜合判斷對方的情況下聽對方說話。比起對話內容，反而多會把意識放在對方的表情與反應上面，而這個意識將決定你帶給對方的印象。

也就是說，如果你想給對方好印象，就要先用笑容應和對方。這方法雖然簡單，但貫徹這基本的反應就是共鳴能力的基礎。

該趁著三十歲時提升溝通能力

但話說回來，對不擅長對話的人、不習慣與人相處的人來說，或許連微笑應和對方都相當困難。

在網路交流成為主流的現代社會中，應該不少人認為「沒什麼事情比當面對話還更恐怖了」或是「在網路留言板上更容易說出自己的煩惱」。對這些人來說，連笑著應和對方都是件門檻極高的事情也是情有可原。

但如果你希望有個更好的人生，最好拋棄你所擁有的這類想法。

共鳴能力，是人類群居社會中不可或缺的能力，也是決定你人際關係的

基礎。

不管是和誰對話，只要你徹底做到笑著看對方的眼睛聽他說話，絕不會讓對方感到不快。不僅如此，如果還能做出應和反應，對方心情肯定會變得很好，當然也會對你有好印象。

如果你感覺自己不擅長交流溝通，首先就從練習微笑開始吧。

試著在鏡子面前揚起嘴角笑三十秒，如此一來，你就能實際感受平常有多疏忽使用臉部肌肉。

交流溝通是人際關係的橋梁。

不僅對話，如果你至今對微笑應和等具體行動也感到不擅長，就需要在三十歲時克服這一點。

邁入四十歲之後，是好也是不好的，人要改變自己都會變得相當困難。

既然如此，就要趁著腦筋還靈活的三十歲挑戰克服不擅長的事情，這也可以進一步提升你的交流溝通能力。

三十歲，該學會的傾聽方法、說話方法、表達方法

向專業店員學習表達方法

你對自己的溝通能力有自信嗎？

毫不遲疑回答「有」的你，可說在哪個領域中留下自己也認同的好成果吧。而回答「沒有」的人，更需要閱讀這本書。如果你是後者，我對現在有機會這樣與你一對一對話感到相當開心。

溝通能力大致可區分為「表達能力」與「傾聽能力」這兩大項，而這兩個是建立良好人際關係不可或缺的能力。

首先，請讓我針對「表達能力」論述。

你肯定曾經有過感覺表達自己相當困難的經驗。

像得在人前發表什麼、求職時的面試等等，我想大多數的人起碼曾經撞牆過一次吧。

特別進入三十歲之後，夾在上司與下屬之間，由衷感受溝通難處的煩惱也會浮上檯面。

我的學生裡，也有非常多人煩惱著站在人前說話，或是人際關係中表達自己有多困難。

我會以「超市的銷售員」為例說給這類型的學生聽。

超市的銷售員，也就是提供試吃，或示範商品的銷售員。

他們的工作是在超市裡提供顧客試吃新產品或期間限定的商品，並推銷顧客購買，而這些銷售員正是表達能力的專家。

銷售員需要短時間傳達出商品的優點，並且賣給顧客。他們得在顧客經過他們面前的短短幾秒鐘對顧客說話，將顧客拉進自己的領域中，讓顧客購買商品。

只不過，如果只是強迫推銷般地靠蠻力大聲喊住顧客，很難能成功。

不僅如此，還得因應主婦、銀髮族、帶小孩的人、男性等不同客群改變推銷商品的方法，仔細想想，這可是相當高等級的技能呢。

當你想告訴對方什麼，且讓對方購買商品，只是單純說明商品就無法將心意傳達給對方明白。你得意識該怎麼表達才能感動對方，並且將其化作言語，才能打動對方的心。

特別是為了打動對商品沒興趣的人，沒有相當高等級的影響力或會話資料庫可是很難辦到呢。

該說出怎樣的話，才能讓顧客停下腳步呢。接著，要繼續說怎樣的話才能讓顧客購買商品。

精通刺激人類購物欲望的選詞用字與交流溝通，並且把這當成工作的銷售員們，正可謂表達能力的專家呢。

傾聽能力掌控交流溝通

接著談論「傾聽能力」。

我方才也曾提過，要磨練交流溝通的能力，傾聽能力極為重要。如果沒聽對方說話，理所當然無法順利對話。

為了要和對方互相理解，首先得安靜傾聽對方說話，這是交流溝通的基本。接著不只是聽對方說話，提問引導出對方想說的話也是一個重要技能。

對方如果在對話中提及「我週末常常外出。」就可以立刻拋出「請問你都去哪些地方啊？」等問題。

對方說出「常常外出」的瞬間，大多都是想要闡述自己為什麼要外出，他極可能正在等待你提問。

另外，如果對方是很不擅長說話的人，你別用「你週末常常會去哪邊走走嗎？」這種開放性提問，可以改為「你常外出嗎？還是比較常待在家裡呢？」這種較封閉性的問題，對方也比較容易回答。

比起說話能力，傾聽能力更容易培養。

也就是說，這是個掌握對方是怎樣的類型，以此為基礎提問，接著享受從這個提問進一步擴展對話的技能。

這正是在交流溝通方面，你得在三十歲時培養出來的重要能力。

稱霸交流溝通者，就能稱霸三十歲。

即使如此斷言也不為過。

三十歲，要養大心靈器量

要親切對待後進

不管是誰，來到首次造訪的地方或與第一次見面的人見面，多多少少都會有點緊張。

邁入三十歲後，與二十歲相較，工作範疇也會一口氣擴大。與之同時，客戶會增加，參與新事業的機會也會增多，前往首次造訪的地方與首次和人見面的機會必然隨之增加。

在工作場合上，因為已經融入社會，心情上也開始出現從容，即使有和新客戶負責人見面的機會，或許也不會那麼緊張。

但當場面換到私生活，又是另外一回事。

我前面重複提到，三十歲最重要的就是學習，為了學習，你前往讀書會、研習營、社群或線上沙龍等首次造訪之地的機會也可能增加。

有很多人就是在這種時候，會對身邊人的反應以及該如何自處感到煩惱。

我主辦的「永松塾」現在已經是個有兩百人的大團體。

值得感謝的是，現在每個月也有新進學生，持續成長為更大的團體。

在這之中，我常對已經待很久的學生講一個重要的約定。

那就是「要親切對待後進者」。

不管是誰，都要當作邀請朋友來自己家裡一樣，

「謝謝你特地來，很高興可以認識你，如果有困擾或是有不懂的事情，別客氣儘管問。」

用這樣的態度與心情迎接對方。我非常希望永松塾是這樣的溫暖組織，所以把這點當作原則。

日本人的集團意識強烈，因此對新進者有莫名強烈警戒的傾向。

雖然集團意識很重要，但團體意識、同伴意識越濃厚，對想要加入的人來說，怎樣都會出現「很難走進那個圈子」的感覺。

只要讓人有這種感受，不管這個社群的理念再好，價值只會節節下墜。

社群領袖就應該率先架構出珍惜新進者的氣氛與文化。

越是一流的人，越會珍惜未來棟梁

三流的人，重視現在擁有權勢的人。

二流的人，會接近離頂點很近的人，試圖從旁分一杯羹。

而一流的人，則會珍惜尚未嶄露頭角，將來大有可為的人。

大多數狀況，人會聚集到頭銜響亮的人身邊，但很少會聚集到立場軟弱的人身邊。

正因為如此，如果在第一次感到緊張時受到親切對待，人絕對不會忘記親切待他的人。這個人將來大為成長時，就會幾十倍回報當時的溫柔。一流的人都知道這個法則。

工作場合上也相同。

要親切對待新進員工及新進的工作人員。

請加以意識創造出這種文化。

身處一個每年都會有社會新鮮人加入的組織中，三十歲的你需要率先創造這種文化。

當然不僅限新進員工，同時也不能忘記重視工讀學生及打工的主婦等等，這些立場比自己弱的人。

人會喜歡善待自己的人，也會想要替對方工作。

我在後面章節會進一步詳述，對人和善等於「積德」。

而累積的善德絕對會回報在你身上。

要在三十歲時養出這種處世之道。

如此一來，經過漫長歲月後，即使放任不管，也會有非常多人聚集到你身邊來。

三十歲，養出「珍惜長輩的體貼」

請成功者吃午餐

最近，我從非常照顧我的前輩口中聽到這個故事。

有個幹勁十足的創業者對他說「我無論如何都想要聽你分享經驗」，所以前輩抽空與對方見面。時間與店家都交給對方決定，聽說對方選擇了某家高級餐廳的午餐時段。

他從前輩身上學到很棒的經驗，而且非常感謝前輩百忙之中還特地抽空給他，為了表達他的感謝之意所以不動聲色地付完午餐帳單。

被稱為成功者的人，或是身處上位立場的人，平常請人吃飯是家常便飯。

接受請客的人雖然不會說出口，但也認為被請客是理所當然。

這樣一說，你或許會想「如果對方是地位如此崇高的人，才更應該要準備豪華晚餐比較好吧？」

但是，如果你要請成功者或身分地位比自己高的人吃飯，選擇午餐會比晚餐得宜。

這是有理由的。

晚餐價位明顯高於午餐價位。還需要考慮可能喝點小酒，接著還去第二家店、第三家店……這樣的發展。

如此一來，對被請客的人來說，看到帳單的金額越高，就會對對方感到「相當不好意思」，不能讓才剛創業的年輕人付出這麼高的費用，會演變成最後還是自己掏錢付帳的狀況。

越成功的人，對這類體貼越敏感。

但午餐就不需要擔心金額高昂。

即使選擇的餐廳或咖啡廳是稍微高級的店家，再貴也是坐落於兩千到三千日圓，即使是高級飯店的午餐也頂多數千日圓。

為了不讓貼心的人多有顧忌，這個金額恰到好處。

所以他才會故意指定午餐時段。

「我已經好幾年沒被人請客了，將來有天也想要把他介紹給你呢，是個很棒的男人。」

前輩非常高興地如此對我說。

雖然我沒見過對方，但我認為他絕對大有可為。

事實上，我這位前輩已經成為他的俘虜了。

像這樣能把身邊的人拉為自己的夥伴，接受大家的支持，他今後肯定可以扶搖直上。

他的行動告訴我，不管對方是怎樣成功的人，站在對方的立場體貼對方都是件重要的事。而有這種想法的人，不僅可以順利影響他人，也能讓自己的人生順遂。

像他這樣和普通人反其道而行，鑽石原石般的年輕人，肯定會提升他自身的稀有價值。以常理思考，他身邊的人也不可能置之不理。

要理解成功者、上司、領袖，大家都是擁有情緒的人類

你曾經想像過，被稱為「成功者」或「領袖」的人，平常都在想些什麼嗎？

常有人將人生譬喻為登山，人類隨著立場提升，確實可以看見比較壯觀的景色。

現在拿社會上有成功地位的人居住的摩天公寓，或是高樓層辦公大樓來譬喻應該也很容易明瞭。

「只要看見這個美麗景色，就會忘記到此所付出的辛勞。正因為如此，才應該朝上努力，向前邁進。」

常看見有人這樣說，但實際去問登山的人，他們表示即使一開始很開心，也會因為逐漸習慣那個狀況，最初的感動也會隨之淡薄。

同時爬越高氧氣也越稀薄，常常出現令人感到痛苦的場面。

不少人表示，如果身邊的人沒有發現自己正在痛苦，會因此感到孤獨。

常聽人說「老闆是孤獨的」，這正是攻頂後獨有的痛苦產生的煩惱呢。

但對下屬來說，光是「老闆」這頭銜就感覺對方和自己是不同人種，許多人無意識地感覺老闆怎麼可能會有煩惱。

才沒有這回事。

不管老闆還是上司，每個人都是擁有普通情感的人類。

事實上，你自己應該也曾想過「我還以為三十歲會更加成熟，但令人意外的和以前差不多耶」。

與之相同，就算立場提升，心靈也不會因此跟著急遽變化。即便是成功者或領袖，他也和你同樣是人類，只是別上頭銜徽章而已。

他們的本質與普通人無異。無論對方是怎樣出色的成功者，他和你相同都是人類。

三十歲因為屬下和晚輩增加，身為中階主管，是非得理解老闆及上司心情不可的時期。

正因為處於得理解高位者心情，也得理解下屬心情的年齡層，所以會遇到無數體貼天線需要靈敏感應的狀況。正因為如此，希望大家可以意識著培養出理解對方立場並珍惜對方的習慣。

三十歲，知道「和酒精共存共榮的方法」

別瞧不起上個世代的溝通方法

「你這想法也太過時了，這是昭和時代的價值觀吧。」

我是抱著會被這樣批評的覺悟，寫下這一小節。

到不久前，上司藉著下班後約下屬一起去喝酒來交流溝通的「飲酒交流」是很理所當然的風潮。

但最近這樣的場面急遽減少。

想把工作和私生活明確分開的年輕人增加，媒體也喧鬧著「飲酒交流也是一種職權騷擾」，這兩個理由讓上司不敢找下屬去喝酒，上司與下屬喝酒的機會也因此減少。

相同地，我覺得在吸菸室裡的交流也變少了。

禁菸風潮掀起後，吸菸者數量大量減少是理由之一，以前大家理所當然都會抽菸，各式各樣的人隨機聚集的吸菸室，產生了在這封閉空間中才可能出現的奇妙連帶意識。

現在二十歲年輕人的主流是在家喝酒，或者只有一群推心置腹的好朋友們一起喝。

三十歲正好夾在下屬和上司之間，既能理解二十歲下屬「下班後只想要回家」的心情，也能理解四十歲以上的上司「偶爾也想要和下屬一起去喝酒」的心情。

約下屬去喝酒，我也不清楚這到底算不算「職權騷擾」。

但事實上，人類交流溝通的歷史與酒精密不可分，甚至留下「政治上真正重要的決定，是在藝妓陪酒的席間決定的」這類說法。

雖然時代改變了，但人心、交流溝通的方法與對其抱持的期望，很難想像會這麼容易就改變。

喝酒交際很可能成為你出人頭地的關鍵

從我的經驗上來看，百分之百會拒絕喝酒邀約的商務人士，他的將來肯定是一片黑暗。

工作順利的人，雖然會仔細評定要去的地方，但幾乎都會參加這類聚會。就是這種人會受到高位者的寵愛。

無關乎獨立創業者或上班族，受到高位者的寵愛才是出人頭地的關鍵。人事權握在高位者手中，不管以前還是現在，且大概在未來也不會有任何改變。

也就是說，如果你想要出人頭地，想要成功把生意做起來，不管怎樣的形式，你都不能將工作與酒精切分開來思考。

是否能親自前往參加，傾聽上司與前輩們說話，決定了你的人際關係。

我話先說在前面，這跟會不會喝酒無關。

除此之外，也不是要你跟討厭得無以復加的人一起去喝酒。是你自己「想聽聽這個人說些什麼呢」就可以了。

就算只喝烏龍茶也好，希望你能明白身處遠離工作環境，人可以變得直率的場合中的重要性。

一年給自己一次或兩次機會，做那些提不起幹勁的事情

正如我前面提過，人類隨著年齡增長，與年輕時相比會變得頑固，有變得聽不進他人意見的傾向。

三十歲是自我主張強烈的年齡層，但同時也是兼具靈活性與自我的年齡層，正因為如此才該聽聽人生前輩的經驗談與意見。

先行者的話中，肯定有值得學習之處。

你身邊的所有上司或許不能說全都是成功者，但平時常碰面的前輩或上

司邀你去喝酒時，你該偶爾出席一下。

社會沒有那麼單純，無法如你所願，你順從自己的心意行動也無法事事順利。

偶爾，不對，更加具體說，一年起碼一次或兩次，會遇到即使是怎樣令你厭惡的時光都非得接受不可的狀況。

對方應該是抱著想加深和你之間的關係而邀約，回應這份心意從某種意義上來說也是一份溫柔。

可以參加一次看看，如果那只是個充滿怨言與謾罵，不具任何生產性的聚會，那往後別再參加就好了。

很可能一聊之下發現與對方意氣相投，發現自己對這個人的看法只是誤解。也可能出現相反狀況。

如果你想和晚輩或下屬建立良好關係，也可以偶爾邀對方去喝酒。這可能成為得知他們不為人知的真心話的機會。

你不需要一一逕討晚輩們歡心。

這種前輩反而會被晚輩瞧不起。要掌握分寸，為了保有身為前輩最起碼的尊嚴，我建議偶爾邀約就好。

三十歲，只有喪禮絕對要排除萬難參加

比起喜事，要在當誰遇到傷心事時趕往對方身邊

邁入三十歲後，參加結婚典禮或喪禮等人生重大事件的機會也會增加。

而參加冠婚喪祭時的言行舉止，正是考驗你做人處事的場合。

如此一來，就必須要在三十歲時學好參加冠婚喪祭時的基本禮儀。

此時，我希望你能最重視的，並非結婚典禮，而是守靈夜及喪禮。

而且要盡可能親自參加。

無論如何都無法出席時，送個花也好，總之千萬不能忽略。

我之所以會有這種想法，是我很尊敬的前輩，在我剛過三十歲不久曾對我說過一個小故事。

我和住在我老家大分縣中津市，給予我諸多機會的這位大恩人社長，曾有過以下對話。

有天，這位社長接到年輕時相當關照他的朋友過世的消息。

社長取消當天所有預定行程，急忙從大分縣的中津花兩小時前往福岡機場，接著搭上直飛北海道的班機，飛行時間約兩個半小時。從新千歲機場再花約四十分鐘抵達札幌，接著再搭三十分鐘計程車。

包含候機時間在內，約略計算後大約七小時。

他在守靈夜開始前抵達殯儀館。

他非常想要參加喪禮，但事前早已訂好隔天一大早要請其他業者來開經營會議，所以他只能送上奠儀，看了恩人最後一面後立刻折返。

聽說遺屬對他的行動力已經超越感動，驚訝得瞠目結舌了。

只為了親手送上奠儀來回十四小時。

我聽到這件事後忍不住回問：

「這麼遠，奠儀用寄送的就好了吧？」

我說完後，社長如此回答：

「茂久，你聽好了，喪禮才一定要盡可能親自前往。如果這是結婚典禮，我應該不會去了吧，因為往後還有非常多機會可以說聲『恭喜』，但是，喪禮只有在當天能對故人最後致意了。正因為如此，親自前往才有意義。而且，我也想要見那位恩人最後一面啊。」

這樣一說，結婚典禮確實可以提前得知日程，但無法事前得知喪禮的日程。既然如此，能向故人致意的機會只有喪禮當天了。

有許多人除了親戚與重要的朋友外，幾乎不參加其他喪禮。

但邁入三十歲之後，肯定能有一、兩位下屬可以幫忙代理自己的工作，既然如此，收到訃聞時，就該盡可能前往參加，而且這對遺屬來說是最大的鼓舞，請大家千萬別忘了這件事。

我可以一直在 Kizuna Publishing 出書的理由

在我母親過世時，我深切感受社長這段話的意義以及可貴。

在我至今十年的寫作生涯中，我在 Kizuna Publishing 出版了最多的著作，今後也想要繼續維持下去。

而且在我母親守靈夜時，Kizuna Publishing 的櫻井秀勳社長以及岡村季子董事專程前來，摒除道義與場面話，我現在仍無法忘記這份恩情與感動。

我在許多出版社出版著作，但特地做到這件事的，只有 Kizuna Publishing 一家公司而已。在我最痛苦的時候，他們特地從東京遠道九州而來，正如社名「Kizuna」所示，他們是我重要的朋友，我們之間有超越工作關係的深厚情誼。

說起喪禮，大家可能會覺得這是與故人切斷緣分的一個句點，但這並不代表與故人間的關係就此消滅，反而可說在對方過世後更加深彼此關係的儀式，才是喪禮真正的意義。

除此之外，受到與故人親近的人們感謝，也正代表著加深了與故人之間的關係。

比起前來參加結婚典禮的賓客，人類更加無法忘記前來參加喪禮的賓客。

老實說，我自己也不太記得有誰來參加我的結婚典禮，但我絕對忘不掉來參加我母親的守靈夜及喪禮，在我最難過的時候前來的人。

對故人的家屬及身邊的人來說，他們也會深刻記住你來參加喪禮這件事情，且打從心底對此感到喜悅。

見證人生落幕瞬間的重要性，這只能在喪禮上學到。

既然如此，收到訃聞時就要盡可能立刻趕過去。

你應該要在三十歲時培養出這份心意與行動力。

Chapter 5

三十歲時
該培養的習慣

三十歲，分清楚「說話方法、稱呼」的分寸

人會仔細觀察他人的用字遣詞

邁入三十歲後，下屬可能增加，可能升任要職，可能被交付工作等等的機會增加，與二十歲時相比，面對工作的心情也有了自信與從容。

但正是在這種時候，才更需要加倍繃緊神經。

因為當你心情出現從容時，你的心態會跟著鬆懈，而這會表現在你的言行與態度上。

年過三十做出一點成果之後，心中某處會產生一種走路有風的感覺。想用態度表現出自己的自信與成果的願望會不停湧上心頭。

我能理解這種心情，但如果你不在此多加注意，極可能毀壞至今建立起

的東西。

最具代表性的例子，就是說話的方式。

當你職位提升時，你得比之前加倍注意對人說話的方法與遣詞用字才可以。

我身為經營者，同時身為作者與私塾負責人，我有許多與各種不同年齡層、不同職種的人說話的機會。或許是我的職業病，我立刻可以感受出「這個人最近心態鬆懈了呢」。

舉例來說，說話時交雜對長輩與對平輩用語的人。

如果是認識很久，關係密切的工作夥伴也就算了，明明關係並沒有那麼親密，話說到一半突然插進一句「就是說啊！」

說話的人大概沒有自覺，但聽話的人意外地容易因為這句話產生「啊，原來他是會出現這種態度的人啊」等負面的印象。

或許也會有前輩對你說「不用對我用敬語說話沒關係」。

但在工作場合中，即使關係非常要好的前輩及上司這樣說，你用敬語說話都不會有損失。

稱呼是表現與對方距離感的尺規

在注意言行分寸的同時，也要注意對對方的「稱呼」。

用字遣詞和稱呼互相連結，稱呼正是最能理解對方心態鬆懈與否的訊號。

舉例來說，老闆的父親與繼承人的兒子。

父親在工作上是上司，如果這位兒子因為對方是父親就用撒嬌的語調說話，或者在旁人全喊「社長」中，只有他一人喊「老爸」，你認為其他下屬會怎麼想呢？就算不表現在臉上，心中當然也不認為他能「獨當一面」。

用字遣詞與稱呼容易投射出心中撒嬌的一面，正因為如此，才需要因應場合切換。

雖是這樣說，我身為老闆，大家也是從以前就喊我「茂哥」。

但在我多了私塾負責人、作者等各種頭銜之後，身邊的人也自然而然開始喊我「老師」。

我一開始很不習慣別人喊我「老師」，總覺得相當不自在，但在和私塾學生討論過後，決定讓大家在私塾裡喊我「老師」。

這是因為身為私塾校長，我明白「老師」與「學生」這樣的關係，對彼此來說都能保持良好的距離感。

我最近已經習慣很多了，但我花上好幾年的時間才終於接受這個稱呼，光從這點就能看出我不如學生，這是我自己的心已經習慣了能讓我依賴的環境的證據。

如果想和對方保持良好的距離感，就必須配合當時的立場與關係，意識說話方法和稱呼，這絕對只有好處沒有壞處。

如同服裝穿著配合時間、地點、場合改變一般，隨著年齡增長能做到根據場合切換適合當下的用字遣詞與稱呼的人，才正是真正意義上成為成熟的大人了。

三十歲，脫離對虛擬世界的依賴

社群網站沒辦法滿足真正的自我肯定感

社群網站已成現在此時代的必備工具。

LINE、Facebook、Twitter、Instagram 等等，每個人大多都至少使用其中一樣，我也聽說有許多商務人士習慣確認交換名片者的社群網站呢。

社群網站確實是得知一個人的基本資訊、經歷及工作狀況的方便工具。

但即使你看了對方的基本資料及貼文，又到底能了解對方多少呢？

而且話說回來，社群網站是虛擬世界並非現實世界。

只在社群網站上聊過天的人，即使在街上偶然擦肩而過，你應該也不會發現對方是誰。

另外，即使你在社群網站上有幾百個好友，但可以傾訴現實煩惱的應該僅有其中幾人吧。

也就是說，社群網站上的關係終究只存在虛擬空間，無法應用在現實世界中。現實世界中有話語權的，終究是個人擁有的對他人的影響力。

不少人沒發現這點，仍試圖只在虛擬世界中尋找自己的價值，想從「點讚數」中得到自我肯定感。

在這樣社群網站飽和的現狀中，越常在上面炫耀自己現實生活有多充實的人，反倒有讓人感覺「他或許是在現實世界中無法得到自我肯定感的人？」的危險性。

透過社群網站，人可以看見另一個人的狀況

而且話說回來，你得要確實認知，社群網站上不僅有「發訊者」與「留言者」，還有客觀看待雙方互動的「第三者」。

當你上傳什麼新貼文時，或許對你來說會留言的好朋友怎麼想很重要，但你應該要意識著站高一點俯瞰，思考這篇貼文看在不認識你的第三者眼中有什麼感覺。

如果你感覺「最近開始對社群網站膩了」，你就是發現社群網站只是虛擬世界的人，是看見時代潮流的人。

我身邊優秀的人最近也都表示「只為了工作才用」或者「為了要建立自我品牌」，許多人相當清楚自己為了什麼而用。

如果你感覺是為了滿足自己出風頭的欲望而使用社群網站，重新審視自己或許是個不錯的方法，你很可能需要立刻離開那個世界會比較好。

這是因為，你現在非做不可的，並非沉浸虛擬世界中，而是提升自己在現實社會中的工作能力與身為人類的綜合能力。

你的現實人生，只能在現實世界中跨步邁進。

三十歲的時光，過得比二十歲的十年更加快速。

儘管時光快速流逝，卻有非常多非做不可的事情、非決定不可的事情，是相當忙碌的年齡層。

正因為如此，要小心別花費過多的時間與精力在虛擬世界中。

三十歲的時光是珍寶。

我真切地希望大家可以把這份珍寶用在真正有價值的事物上。

三十歲，培養出閱讀習慣

出版業界的現狀

不管哪個時代，成功者幾乎可說百分之百都有閱讀習慣，這是個共通的事實。現在此刻正在閱讀的你，我想你應該也是有閱讀習慣的人。

我非常喜歡出版業界。

在演講及講座中直接與客戶見面聊天很開心，但怎樣都無法贏過製作一本書的喜悅。

但實際上，最近出版業界業績不振也是不爭的事實。

受到疏離書籍、疏離印刷字的影響，在近十五年內，街上的書店消失了近四成。

你居住的城市是否也發生了「咦？站前的書店不見了耶。」的事情呢？

我自己二十五歲之前是出版社的業務員，接著在過四十歲之後執筆寫作，當我發現時自己與出版業界的關係已密不可分了，而從我的立場來看，原本人們在電車上看書的日常光景減少的速度令人感到害怕，或者可以直言已然消失也不為過。

現在大家手上拿著的幾乎都是智慧型手機。

而且看的還不是電子書，幾乎都是社群網站或網路上的內容策展網站，這對出版業界來說是很嚴重的問題。

我只要發現有人在看書，即使對方看的不是我的著作，我都會很想要上前去向對方道謝。

只是觀賞也好，去一趟書店吧

隨著智慧型手機普及以及實體書店減少，購買書本的方法也出現改變。

現在亞馬遜等網路書店業績上漲，但我認為出版業不景氣的原因或許就在此。

說起來，書這種東西與其說是因為「我想看這本書」而購買，大多都是因為偶然走進書店看見吸引自己注意的書名進而購買。但當書店本體消失後，這樣的機會當然隨之減少。

在二十年前左右，從書店擺放的書本當中購買正中自己紅心的書籍，這是最普遍的購書模式。但現在，「這本書現正熱賣」等在網路上看見蔚為話題的書，接著直接線上購買已經成為主流的購書模式。

閱讀書籍的人以及不閱讀書籍的人。

現在拿起這本書，並且閱讀至此的你是屬於前者。

話說回來，沒有閱讀習慣的人也不可能會閱讀本書。所以我的說法或許相當偏袒有閱讀習慣的人，但我可以明說：

讓你的三十歲變得豐饒的一個重要關鍵，就是書。

為了在三十歲獲得學識修養，總之希望大家能培養出閱讀習慣。

最起碼應該要有一個月親自前往書店一趟，購買喜歡書籍的習慣。只是去逛逛書店也好，看著架上陳列的書籍，就能隱約察覺現在哪類型的書籍熱賣，以及社會正在追求怎樣的東西。光只是知道這點，肯定能對你的工作有所幫助。

不是因為我自己身為作者才說這種話。我自己在人生中迷失未來方向時，替我照亮前方道路，給我跨越難關契機的就是書，所以我才會這樣說。

在書籍中邂逅的一句話，可能改變人生。

如果你「想要改變人生」、「想要功成名就」，首先就先養成閱讀的習慣吧。

我希望大家稍微減少拿起手機消磨的時間，盡可能多讀一本書，努力從中獲取有價值的資訊。

閱讀，是讀者與作者一對一創造出的人生創作過程

我也不知道這個觀點是否正確，身為與出版業界相關的一員，以及身為發訊者最起碼的禮節，我想要將自身擁有最大價值的資訊與真相告訴你。

我從距今十年前，三十五歲起正式執筆寫作，至今出版了將近三十本書。在經營者的世界中也稍微被視為異類看待，但我堅持出書且持續執筆寫作至今是有理由的。

那就是，我確信書籍可以直接影響人心與人生，並帶來創造未來的契機，沒有其他工具可以勝過書籍。

現在是資訊化加速，選項增加，不知何為正解而抉擇困難的時代。電視節目帶風向，網路上資訊氾濫，現代社會遭到這些事情迷惑，變得難以判斷何為真實。

但不管在哪個時代，成功者都在書中尋求媒體素養的出口。

書籍與單方面大量餵食資訊的電視節目不同，也和每個人都能輕易發訊

的網路不同，是可信度極高的資訊源之一。

書籍中肯定有「學識」。

只針對想獲得這份學識的人闡述內容，所以容易直接打動人心。

另外，書籍將作者與讀者一對一連結起來，如果沒有信賴關係就無法成立。

正因為如此，我認為作者對想傳達的事情不能有虛假也不能有無用的安慰。

我認為我遵循自己的信念，本書內容都是我最真實的想法。

我不清楚這份心意可以引起你多大的共鳴，但請讓我們好好面對彼此，共同創造出更豐饒的人生吧。

三十歲，培養出「掌握真正資訊的力量」

幾乎所有資訊都將成為免費

現在這個時代只要有網路，就能簡單獲取任何資訊，人們「資訊可以免費獲取」的價值觀變成一種常識，大概無人能阻止這個發展吧。

這也代表，在現代這樣如資訊大海般的世界中，資訊的價值只會不停貶低。這是顯而易見的事實，理所當然，價值不停貶低後終將步向免費。

距今約二十年前，我二十五歲之前是出版社的業務員。

我記得非常清楚，當時業界發生了媲美「黑船來航」，蔚為騷動的一件大事，這艘黑船就是網際網路與免費雜誌的出現。簡單來說，資訊以肉眼能見的形式「免費化」了。

這巨大的轉變，與戰後人們脫下木屐換穿鞋子相同等級。

木屐店只要將商品換成鞋子就能繼續做生意，但原本標價販售的東西變成免費後，這個生意就無法成立了。

資訊免費化也在這種地方現身。

一看 YouTube，過去舉辦演講必定吸引大批聽眾前往的前輩們，以及我也購買許多聲音檔案與課程來學習的老師們，也在上面提供免費資訊耶。

資訊商戰正是買方市場。

造就出顧客天堂，賣家地獄的畫面。

資訊越氾濫，真正的資訊越有價值

滿口抱怨「因為就是這樣的時代啊」當然很簡單，而人類無法輕易阻擋時代潮流。

不過我們也不能只是哀嘆，有表就有裡，有光就有影。

在接下來的時代，資訊確實會逐漸步向免費，如果只從一個角度看，或許會覺得將來一片黑暗，但絕對沒這回事。

請你停下腳步試著思考。

鑽石為什麼那麼昂貴呢？

答案很簡單，「物以稀為貴」，物品越珍稀，價值與價格也會隨之提升。資訊可以擁有驚人天價，是因為數量以及獲取管道相當稀少。

也就是說，廉價、虛假的資訊越氾濫，會讓真正資訊的價值水漲船高。

在龐大的資訊量中，真正能帶來幸運的資訊，價值會隨之上升。

並非萬物皆會變得廉價，在來源不明、無憑無據的資訊蔓延中，確實可信的資訊等同沙灘中的鑽石。

更正確來說，前者更加氾濫就能讓後者的價值相對上升。

只要你有分辨真假的能力，就不怕受時代潮流影響。

新事物的誕生會淘汰舊事物，這是時代的常理。

如此一想，「時代嚴峻」這點可說古今無異。重點在於，你自身是否能夠擁有掌握真正資訊的能力。

三十歲，別散漫而要有計畫性度過

寫出三十歲的時間表

時間，是唯一一種所有人皆平等擁有的資源。

而要如何使用這份資源是每個人的自由。

三十歲，得面臨工作、結婚、健康、將來等一連串的選擇。

而只要意識到時間是有限的，就能讓現在該作什麼選擇的答案變得清晰明瞭。正因為如此，珍惜時間便是決定人生走向的重大關鍵。

此時，不該漫無邊際地想著「該怎麼運用時間」，而是要把焦點擺在「該怎樣運用自己人生的時間」上面思考。只是用這種想法思考，就會感覺時間擁有非常巨大的價值。

別只是茫然地在腦中思考，試著寫一份到四十歲之前的「三十歲時間分配表」吧。

或許事情無法照時間分配表進行，但這肯定可以成為讓你意識「自己人生的時間」這個概念過生活的契機。

另外，三十歲與二十歲不同，是開始感覺體力逐漸下滑的時期，當然進入四十歲之後感覺會更明顯。

因此，與二十歲時相比，應該會有更多人把假日完全用在讓疲憊的身體休息上面。

正是在這種時候，才更該擁有興趣、去運動、自我鑽研、做喜歡的事情等等，培養出為了自己有效利用時間的習慣。

別連休閒時的興趣都與工作有關

三十歲的興趣，最理想的是盡可能別耗費太多時間且還能提升自己的技能。我說這種話可能會樹敵，但我不建議大家在三十歲時打高爾夫球。

我當然非常明白，打高爾夫球從以前就是常被用來作為商場交流溝通的工具，也是象徵縱向社會的興趣。

但打高爾夫球，光是繞一條球道就要花半天以上時間。而不只要繞球道，還得邊顧慮公司上司、前輩以及客戶，得最先首重協調性。

如果打完高爾夫球後還有聚會，等於耗盡一整天。

如果只將假日花在這件事情上面還勉強可以接受，但有不少人為了練習在工作中跑去練揮桿，而且高爾夫球的初期投資花費也很可觀。

或許有不少人想著要為了應酬或出人頭地開始接觸高爾夫球，但我認為絕對別只因為這些理由而開始打高爾夫球。

三十歲相當忙碌。

要是已婚，甚至抽不出讓自己獨處的時間。

既然如此，就更該擁有確實對自己有所助益、有意義的興趣。

希望興趣同時也能是對自己未來的投資。

花時間的興趣，等到做完在社會上該做的所有事情後再做也不遲。

要先播下讓自己這朵花能盛開的種子。

我希望大家可以擁有這樣的興趣，並且挑戰全新事物。

三十歲，培養「正確的金錢價值觀」

負債者的三個特徵

邁入三十歲後，在各方面感到受限的事情也會增加。其中最大的一項就是「經濟」。

這是因為，即使同為三十歲，高收入者與非高收入者間的差距變得相當顯著，是開始被迫看清這個現實的時期。而為了弭平這個現實，人對金錢會變得更加貪心。

宛如證明這個說法，有個調查結果顯示「三十歲是負債者最多的年齡層」。

確實是，邁入三十歲後在公司的地位上升，得花錢請晚輩或下屬吃飯的機會也會增加。不僅如此，打理外貌也得花費成本，而且參加結婚典禮或喪禮等冠婚喪祭的機會也變多。

但收入追不上這些必要經費支出，所以才會去借錢。

習慣借錢的人的特徵大致可分為三大類。粗略歸類就是「打腫臉充胖子的人、喜歡與他人比較的人、有拖延症的人」等三類型。

人為了讓自己看起來比別人更好而打腫臉充胖子，容易陷入因為「以後再還就好」的輕率心態而借錢的心理狀態中。

賺錢當然很重要，想要貪婪賺更多或許也很重要。而且，三十歲就該投資自己，為此也絕對需要金錢。

但是，金錢可以是救命藥也可以是害命毒。

正因為如此，才不能搞錯使用金錢的方法。

試著思考金錢的意義

如果你有強烈「想要錢」的欲望，我希望你能夠先將思緒切換成「為什麼想要錢」來思考其中的理由，此時，你有辦法斬釘截鐵回答出明確的答案嗎？

我當教練指導學生時，在我問「你為什麼想要錢？」後，許多人會回答「我想要常常到國外旅行」或是「我想要買好車」。

但當我繼續問：

「為什麼你想要常去國外旅行？那應該不是你真正的目的吧。你想要的，應該是旅行當下感受到的情緒吧？請你更聚焦在國外旅行時感受到的情緒上面思考。」

對方就會頓時語塞。

也就是說，他們認為金錢是「為了擁有富饒生活的必要物品」，真正想要的並非「金錢本身」而是「富饒的生活」。

身為人類理所當然會有「想要有富饒生活」的想法。

既然如此，你不該只是單純想著「我想要錢」，而該把意識放在得到錢之後的目的上面。

如此一想，你或許會發現看在他人眼中，你「早已得到」所想要的富饒生活了。

而且，對於賺錢這件事，你應該也會產生：

「去國外旅行，真的是富饒的生活嗎？」

「開好車對自己來說是真正的幸福嗎？」

這些全新的想法。

應該要基於這些想法，重新思考你是為了真正想得到什麼而需要金錢的。

三十歲，要擁有「打理好外貌的意識」

要意識旁人正在看著你

不管工作能力多高強，不管交流溝通能力多好，只要外貌不修邊幅，很遺憾地會拉低這個人的評價。

特別是在女性比例高的職場或社群中，應該要多加意識與外貌有關的細節正遭受嚴厲檢視。

這是因為女性隨感情行動的傾向較高，對他人的印象容易被感情左右。

現在是個每個領域都有女性大為活躍的時代，不管哪個職場都有工作能力高強的女性上司、前輩或晚輩。既然如此，多注意維持外貌的清潔絕對沒有壞處。

相同論調也可以套用在女性身上。

三十歲時，一定要投資在琢磨自身上面。

至少經濟方面應該比二十歲時多了一點寬裕，所以可以把錢花在上美容院、護甲、護膚等維持自己的外貌上面。

最近似乎也開始流行起男性整形，這就是外貌會影響工作的證據，我覺得可以多加利用。

另外還有一點，也要多加意識隨身使用的物品要用一定品質的東西。皮夾、手錶、鞋子等是最容易暴露在他人面前的單品。

別持續使用二十歲時使用的東西，替換一個與年齡相符，等級更高一點的物品會比較好。

話雖如此，也不代表全身上下都是名牌品就是好。

我的意思是，希望你能擁有些許你理想中，三十歲的人會使用的單品。

如果你很迷惘，試著抱著稍微勉強自己的心情狠下心購買，或許是個好方法。

不僅是看在他人眼中的形象，如果這項單品可以提升你自己的鬥志，那就屬於必要投資，我認為你可以抬頭挺胸購買。

有句話說「外表是內在的最外側」。

要對自己這個容器最起碼的裝飾多加用心。

如此一來，很不可思議地，對自己的自我形象提升，也能開始意識起與二十歲時不同的成熟大人的品格。

終章

三十歲該怎麼活

三十歲，別尋找安逸的道路或捷徑

人人爭相上鉤的好事，絕對不是通往成功的捷徑

我想正在閱讀本書的你，應該不是有「想要賺快錢」或是「想要輕鬆賺大錢」想法的人。或者即使曾經有過這種想法，也會對這類廣告及邀約抱持疑問。

話說到底，這樣的人不可能選讀這類生存之道相關的書籍閱讀，比起闡述該怎麼活的書籍，這種人應該會選擇寫出具體賺錢方法的書籍來看。

也就是說，你是朝自我改革踏出第一步的人，我非常確定這樣的人肯定可以擁有一個燦爛的三十歲年代。

正因為如此，我身為作者得告訴你事實才行。我認為即使相當難以啟齒，

作者都得擔負起這個責任。

我想告訴你的第一件事，就是「人生沒有捷徑」這個事實。

在人生中，有許多人想要迅速獲得什麼或是達成什麼成就，但真正的東西絕對無法迅速獲得。

就跟運動相同，工作上也無法輕易成為專家，不努力就無法成為精英。話說回來如果真有這種方法，那肯定早已被寫成標準法則了。

萬一真的很迅速地得到了什麼，那也會相當不安定且無法持續。沒什麼比輕易到手的東西更容易失去或損壞的了。

選擇簡單明瞭的捷徑，最後都會變成最遠的遠路

或許人類本性，多數的人都想要盡快，且盡可能輕鬆得手。而且即使只是簡單版的東西也無所謂，在假裝得手了之後感到自我滿足。

舉例來說，就像是拚命揮舞虛假的劍一樣。

只要將刀刃磨利，看起來就有模有樣，但實際上戰場後就會立刻被發現那是假劍。而令人感到驚訝的是，有非常多人拚了命地磨利這把假劍。

如果你想要開始新事物，認真想要獲取什麼東西，最好是迅速拋棄「迅速」這種想法。

如果你想獲得「真正的東西」，就別再磨假劍，而該琢磨你的基礎。

假設人生有八十年，三十歲的開頭就是上午九點，有充足的睡眠，細嚼慢嚥吃完早餐，是建立今天一天目標最適當的時間。

正因為如此，你不需要著急，你還有很充足的時間。

三十歲，看你能累積多少「陰德」

施比受更有福，替你開創未來人生

「一會全力」

導師送給我的這句話，我相當珍惜地謹記在心。

這句話的意思是「在心中思考，自己能對認識的人盡什麼最大的力量並付諸行動」。

孩提時代，小學、中學、高中、大學，以及出社會之後。

至今已經活了三十年以上的你，應該也認識了各式各樣不同的人吧。

應該有好的邂逅。

但你認識的人，肯定也不全是好人。

不管怎樣都合不來的人，再也不想再見到的人等等，無論是誰都有一、兩個這類對象吧。

但反過來說，正因為有這類人，你才會發現重要的人的存在。人類，沒有與他人的邂逅就無法成長。

我可以斷言人生九成取決於三十歲的理由，正是因為在人生中，最多認識新朋友場合的就是這個年齡層，同時也代表著最多成長的機會。

和重要的人認識之後，總是維持對等的關係相當重要。

但是，在你和認識的人之間互相幫忙的借貸關係的平衡中，「貸」比「借」的數量更多能確實讓你抬頭挺胸自由自在地活下去。

我希望你能明白這件事。

「借」多的人，因為反覆對身邊的人做出忘恩負義的行為，會逐漸失去周遭的信賴。另一方面，「貸」多的人，提升自己的影響力，結果可以得到周遭的信賴。

最重要的是，「貸」多的人生可以過得比較輕鬆，或許果然是因為每個人心中都有「良心」這東西呢。

在「陰德銀行」裡存款

以前，我曾經聽家裡附近的僧侶說過這段話。

人在做出會讓他人感到喜悅的事情時，就會增加眼睛看不見的存款。

這個存款稱為「陰德」。

儲存這個「陰德存款」的銀行在天上。

與人為善。

如此一來，就能得到一塊「陰德存款」。

如果能不讓對方發現且讓對方感到喜悅，那就能得到十塊「陰德存款」。

也就是說，如果能不讓對方發現你做了什麼，就能得到更多陰德。

所以只要與人為善，最後得到最多好處的人還是你自己，就是這樣一段話。

我以前都在心裡覺得「還真是跟童話故事沒兩樣的說法呢」邊聽僧侶說這段話，但在我活了四十幾年，工作中面對了這麼多人的人生之後，逐漸感覺那位僧侶所說的或許不全然是虛假。不對，反而可說我現在甚至相信他所說的是真的。

積德，這不僅限於近在身邊的人際關係。

即使沒有人看見，撿拾掉在路邊的垃圾，在電車上讓座給陌生人等等的事情也可以增加陰德存款。

而這個存款越多，將來有天會以意料之外的形式回報到自己身上。

最重要的是，可以對得起自己的良心，活得輕鬆自在。光這點就能算賺到了。

在三十歲的這十年內可以積多少陰德。

有這種思想與沒有這種思想的人，在邁入四十歲時，兩者的陰德存款應該會相差甚鉅吧。

既然如此，就別吝嗇，盡可能地大肆施善吧。

一開始為了自己而做也沒關係。

不需要突然就要努力「為了他人」也沒關係。

首先，從能力可及的事情做起就好。

只要有這份心情，接著慢慢提升這份心情的容量，就能引領你走向更美好的生存方法。

但話說回來，我做夢也沒有想到，我現在竟然會想要把當時從那位僧侶口中聽到的這段話拿來說給你聽。

如此一想，如果將來有天你把這段話說給另外一個人聽，我也不會感到意外，我現在已經開始期待那天到來了。

三十歲，你昂首向前的理由

你最重要的人有笑容嗎？

人類，只要身邊有一個讓你認為「我可以為了他努力」的人，肯定能昂首向前邁進。

為了這個人。聽到這句話，應該有許多人會想到家人吧。

但在此，我特別要請大家先排除家人後思考。一般來說，家人是大多數人重要的存在。正因為如此，我希望大家可以從「家人以外的人」這個意義上來思考。

舉例來說，照顧你的上司、前輩及朋友中，是否有讓你覺得可以為了對方投注心血的重要之人呢？

如果是為了對方，稍微勉強自己也不足為惜。

你身邊有多少能讓你有這種心情的人呢？

並非家人這類私人的場域，在社會這個公眾場域中，如果也有讓你覺得「我想讓這個人展露笑容」的人，這就是你確立了身為社會人士的自己的證據，這份心情也會成為支持你的力量，讓你無論遇到什麼事情都能向前邁進。

你要選擇哪條道路？

三十歲有單身的人，也有結婚生子的人。

有擁有社長頭銜的人，也有才剛換工作的人。

但不管身處怎樣的環境，不管位於怎樣的位置上，人活著最重要的事情，總之就是向前邁進。

人沒辦法倒退走路，正因為朝前方邁步才能往前進。

當你在自己的人生道路上前行時，會有各式各樣的邂逅。

而道路會突然分岔，一直並肩而行的夥伴可能會在此分道揚鑣。即使如此，你還是要笑著往自己選擇的道路前進。人生就是一連串的分歧。

而第一個最大的分歧點將會在三十歲時出現。

如果你在道路上迷惘，那請你定睛凝視，仔細觀察走在你前方的人。

前方如果有你重要的人在，那你就能無所迷惘地往那條路前進了吧。

你要走往哪條道路，只有你能夠選擇。但換言之，也表示你可以自己決定自己要走的道路。

也就是說，你本來就比自己所想的更加自由。

帶著自由這個武器，朝自己想抵達的終點前進吧。

那不需要困難的知識與經歷，只要有想要前進的心，你就能自由自在地前往任何地方。

為了讓重要的人展露笑容。以及，為了讓在他身邊的你也同樣有笑容。

三十歲，前往知覺一趟吧

一年給自己一次思考人生終點的時間

常有人被我這行為嚇到，我每年生日都會寫一封遺書。

並非因為我對人生感到悲觀。

在自己生日這天做這個工作，正因為這天是展開新歲數的日子，為了要有更好的人生絕對必要做這件事。

如果你還二十歲，聽到「終活」、「人生終點筆記」等詞彙時，或許會覺得這些都還和自己無關。但是，死亡或許並沒有你想像的那麼遙遠。

你大概深信「明天、下個月、一年後我都還會活著」吧，但因為意外或疾病突然死亡的人，也和你有相同的想法。

很遺憾，每個人終究會迎接死亡，沒有人可以永生不死。

如此一來，你就能理解死亡其實是近在身邊的事情。

我寫遺書的最大理由主要有兩個。

第一個是「為了還活著的家人」。

人死後肯定會出現許多只有當事人才知情的事情。不僅遺產、遺物等物質上的東西，擁有怎樣的人脈，死後希望家人可以幫忙做什麼事情，以及無論如何都想要傳達的事情等等，需要留書給家人。

另一個理由是「為了認知自己現在活著」。

透過書寫遺書認知死亡的同時，就能深刻感受站在死亡之前的「生」，如此一來，會感覺現在活著的世界看起來相當不同。雖然表現得有點誇張，但會對自己是在他人幫助下活著這件事湧現很不可思議的感激。

將會重新感受，工作、品嘗美食、和夥伴們聊天等理所當然的生活，是多麼值得感激，多麼美好的事情。我就是為了像這樣好好面對生命的珍貴而寫下遺書。

這是我從二十八歲時開始的，每年一次的儀式。

教會我「活著」這件事的地方

請容我闡述一下讓我開始寫遺書的理由。

這全部起始於我造訪位於鹿兒島縣的「知覽」這地方。

我在《當你人生迷惘時，就去一趟知覽》（Kizuna Publishing）這本書中也曾寫到，在我到鹿兒島做生意時順道去看看的「知覽特攻和平會館」與「螢之館富屋食堂」大幅顛覆了我的人生觀。

說起知覽，是眾所皆知的特攻隊聖地。

特攻隊就是第二次世界大戰末期，日軍編制下的攻擊部隊，十七歲到二十五歲的年輕人為了守護日本，駕駛乘載炸彈的飛機衝撞敵軍戰艦。

而在「知覽特攻和平會館」與「螢之館富屋食堂」中展示了許多他們所寫下的遺書，多數遺書都是他們出戰之前寫下來的。

對於奉獻生命給國家這件事，沒有人表現憤怒，全都是充滿愛與心意的內容打動讀者的心。

我第一次讀他們的遺書時，我浮現「如果我是他們，我能有這份擔心留下的家人的從容嗎？」的心情。與之同時，感覺清楚讓我從這群遠比我年輕的青年身上，感受到我們身為男人的覺悟有多大差距。

最重要的是，那是讓我思考起「活著」這件事的貴重日子。

那之後，在知覽得到許多緣分的我，自二〇一二年起擔任「螢之館富屋食堂」的特任館長這重要職務。每年春天會和許多夥伴舉辦「知覽 For You 研習櫻之祭典」，每次都讓我重新回顧過去，再次確認生命有多珍貴。

當你人生迷惘時，就去一趟知覽

對現在三十歲的你來說，人生還很漫長當然是無從改變的事實，我也希望能是如此。

但一想到那群十幾歲到不滿二十五歲，為了日本的未來赴死的年輕人，我也認為應該得要理解平常就意識「死亡」的重要性。

三十歲的生活形態有著令人眼花撩亂的變化，或許有人會覺得根本沒有餘裕可以去思考自己的死。

但當自己的人生結束時要留下什麼、能留下什麼，我希望大家一年至少一次，即使短暫也沒有關係，可以抽出一點點思考這些事情的時間。光只是這樣做，就會讓活著的態度完全不同。

「人的生命是有限的。

所以得要拚命地，珍惜當下活著才行啊。」

這是被稱為特攻隊之母，鼓舞許多特攻隊員的富屋食堂鳥濱富女士所說的話。

雖是簡單的一句話，但一想到說出這句話的人是被無數即將赴死的特攻隊員稱為「母親」的人，就感覺這句話深刻、沉重。

日本一年的自殺人數終於低於三萬人了。

但反過來說，也表示一年還有兩萬數千人選擇自己結束生命。自殺率居高不下，我認為該以國家層級認真議論這個現狀才行。

有活著卻「想死」的人，也有不想死卻「非死不可」的人，人的生命到底算什麼呢？

或許沒人能找到這個答案，但藉由寫遺書，應該可以稍微接近這個答案。

趁著感性豐富的三十歲，希望大家務必找個機會前往知覽一訪，肯定可以發現什麼。

三十歲，試著把一半時間花在「為了重要之人」活著上面

對邂逅的人「奉獻」

令人意外地，其實人類並不了解自己。

或許因為如此，有許多人即使到了三十歲也感覺「我從以前到現在一點也沒變」。

但即使你覺得自己一點也沒變，也請千萬別忘記，身邊的人總是在你身上追求「三十歲的你」。

三十歲後，受到身邊人期待可以成為主管候選人，但反過來說，也不再被允許對工作有所鬆懈或失敗。身為一個工作者，幾乎要被得確實做出成果

來的壓力擊垮，這也是三十歲獨有的煩惱。

現在雖然積極推動工作方法改革以及工作生活平衡，但對工作精力最旺盛的三十歲人來說，工作與生活的協調或許可說是最困難的課題。

再加上得被迫面對結婚、生子、買房等選擇，應該有許多人因此感到更加焦慮。

這種時候，你可以將煩惱的事情，用「是為了自己」或「為了身邊的人」這個標準來看。

人類在把為對方著想的心情付諸行動時，會發揮出不可思議的力量。

許多為了自己而做也會半途而廢的事情，一旦變成為了重要的人而做，就能輕而易舉達成。

為此，你要有個讓自己有「為了這個人我願意努力」想法的人，有個不計較得失，想無條件幫忙對方的人存在，就能讓你的世界出現改變。

即使你現在尚未遇見這個人，也只要當成今後的課題就好。為了自己、為了他人。不管你現在幾歲，只要心中想著重要之人，掌握現在所處的地點，明確建立終點，三十歲只要靠一份心就能活下去。

而在路途中，絕對會出現阻礙你前進的人。

最大的原因是對方嫉妒你出現變化，眼紅你有所成長。

當這種人出現時，正是你確實往前邁進的證據，希望你要有自信地繼續走下去。

明白你現在手上握著什麼走在道路上。

只要明確知道哪些是你真正需要的東西，哪些是不需要的東西，你的目標及夢想便不再有陰霾，你前進的道路將變得更加明朗。

三十歲還很年輕，但逐步邁向死亡也是個事實。

正因為如此，要好好意識時間。在你人生中的「三十歲」只有短短十年。

三十歲，是為了「成為能令人喜悅的人」最重要的十年

「首先先讓自己幸福吧」的人真的能帶給他人幸福嗎？

「請成為一個能帶給他人喜悅的人。」

打我孩提時代起，我的母親總是耳提面命地對我這樣說。

經過十幾年後的現在，在人際關係與工作上，為了建立起更加豐饒的心所必須的事情，全都可以用這句話簡潔表現。雖然是出自我母親口中的話，但在在讓我感受這真是一句好話。

而我年輕時總是邊想「又要說這個了喔」邊聽的這句話，曾幾何時佔據了我的核心價值，也成為現在我所提倡的「For You 精神」的根源。

另一方面，也有不少人將「For Me 精神」正當化。

有句話說「如果不先讓自己幸福，就無法帶給他人幸福。」

有這種思考的人，常常會拿香檳塔的定律來舉例。

「在自己幸福後從杯子溢流出來的份，最終就會帶給身邊人幸福。」

這就是他們的理論。

某種意義上來說，這反過來看也是個真理。

只不過在這個香檳塔理論中，許多人都錯失了一點。

那就是，「替位於頂點的自己這個杯中倒入香檳的並非自己，而是身邊哪個人的手」的事實。

如果位於頂端的香檳杯會自己湧出香檳且滿溢出來，或許能辦到這個理論，但香檳杯不可能無中生有。

而且話說回來，人們就是無法做到「首先要讓自己變得幸福」才煩惱啊。

我認為輕率「推崇 For Me」的風潮相當危險。

而且話說回來，人類的愛與良心還沒有軟弱到讓每個人都會有「如果自

己不幸福，就沒辦法帶給旁人幸福」的想法。

如果盲目深信這種思想，賭上性命生子的母親，或者無條件為了他人行動的人們的心情與行動將無法成立。

「For You」換言之就是愛。

愛即是在人心正中央，絕對不會乾涸的靈魂湧泉。

我或許有點太過激動了，但我可以斷言。

這世上確實存在，帶給他人幸福之後得到的幸福。

我認為這反而才是人類最原始的美。

For You 精神才是「讓所有人得到幸福的唯一方法」

假設現在有一群以首先讓自己變得幸福為目標的人，把一片麵包給他們，他們會開始爭奪這片麵包。

宛如小型戰爭般，演變成爭奪麵包的事態。

這也是當然，因為他們想先讓自己得到幸福啊。
合理思考，每個人都打從心底認真希望大家都能得到幸福。
每個人本能都會知道，只有自己一個人得到幸福會是怎樣的狀況。
既然如此，自己就得率先做出可以替對方做的事情。

「為了重要之人。」
以此心情為基礎行動後，波長準則會加以作用，與你同樣「希望帶給他人幸福」的同伴會自然而然聚集而來。
而當擁有相同志向的同伴聚集在一起，最終將會帶給你恆久的幸福。
你在電車上讓座給陌生人，對方向你道謝時，你的心肯定會因此得到滿足。這份心意會讓你得到比「被讓座時」更大的充實感。
也就是說，人類在帶給他人幸福時，自己也會因此感到幸福。
正因為如此，才要先成為帶給他人喜悅的人。

三十歲總之是需要「Man power」的年齡層。

不僅在工作上，人際關係、婚姻以及育兒皆然。

這一切都與他人相互連結，且這份連結大幅左右人生。

既然如此，就該有能讓所有人幸福的「For You 精神」。

宛如新人在婚禮上逐桌點蠟燭一般，只要你逐一向身邊的人點上「For You」的燭光，就結果來說，處於中心的你會變成最明亮的地方。

而這正是，讓你最終擁有好人生、好未來的關鍵。

寫給三十歲，承擔下一個世代的所有人

三十歲，認識了誰，又與誰共度？

用一句話來總結三十歲，可說是「邂逅」的時期。

與誰相遇，與誰共度，不僅決定了這十年，也決定了剩下的九成人生。

接下來，在工作、戀愛上等各種不同的場合上，將會有無數的邂逅等著你，我希望你可以成為一個，確實活用每一個相遇，並且能強而有力邁步向前的人。

為此，你需要先強烈地描繪出理想中的三十歲。

接著要培養出分辨能力，看清哪些人是助你接近理想所需要的人。

有邂逅，必有分離。

這聽起來像失戀情歌的歌詞，但正活在三十歲的你，千萬不能對伴隨著向前邁進而來的「分離」感到哀傷。

和誰相遇之後，肯定也會出現不得不告別的人。

但這是為了讓你成長所必須的分離。

我希望請你現在只留下你認為真正必要的人，珍惜著對方，並全力活過三十歲這十年。

將來在三十歲即將結束時回頭看，你應該會發現你已經身處與先前所在的世界完全不同的地方了。但那裡才是你原本該生存的地方，而三十歲就是知道那是哪的關鍵時刻。

狗狗教會我的重要事情

最後來說我自己的事情很不好意思，但這是段有意義的話，我希望你能看一看。

我最近開始養狗。

是茶杯尺寸的玩具貴賓。

名字分別為「小虎」、「小櫻」、「小雛」和「小桃子」。

我飼養了四隻相同品種的狗，但並非四隻同時開始養。

最先養了第一隻，接下來一隻又一隻慢慢增加，但每看見這四隻狗，都讓我覺得牠們就像我親生孩子一樣。

雖然是狗，但牠們和人類相同，每隻狗都有各自的個性。

舉例來說，第一隻養的長男「小虎」個性沉穩、閒適自得，真的就是長男個性的狗，做什麼事情都很謹慎。

接下來到我家的長女「小櫻」是個活潑孩子，牠的綽號是「自己優先小姐」。

次女「小雛」是會看氣氛的孩子，散發出溫暖包裹整體的母性，個性很沉穩。

而體型特別小的三女「小桃子」，身為么女也特別愛撒嬌……就像這樣，每隻狗的個性都不同。

和牠們一起生活的這半年來，我突然發現一件很重要的事情。

那就是，**這些孩子們的形象，與其說是來自牠們與生俱來的個性，倒不如說是牠們掌握自己在所處世界中的定位後，才確定了自己的個性。而人類的個性形成或許也可說是相同的現象吧。**

動物從彼此的關係當中，創造出彼此的權力關係。

而個性與其說是與生俱來，更可說是在彼此關係的力學當中產生立場後才決定的。

人類也相同，會因為一起共度的對象而改變個性。

在與他人的關係中找到妥協點，進而創造出自己形象的適應能力。

而這正是人類活下去的必要能力吧。

正因為如此，為了要將此力學用在好方向上，我希望你可以遇見出色的人。已經閱讀過本書的你，應該已經理解其方法了吧。

寫給「你」這個三十歲的希望

如果狀況允許，我也想寫書給二十歲和十歲的人。

但說老實話，我也不清楚現在二十歲、十歲的人在想些什麼。

而在即將寫完本書的現在，我也認為我沒必要理解。

這是因為，將希望帶給二十歲的人們，是現在三十歲的你的使命。

不管哪個時代，培育下一個世代的，都是前一個世代的人。

所以直到我的四十歲結束前，我都期許自己能重點支援三十歲的人。

最後要對大家說，世界的鋼鐵王安德魯・卡內基（Andrew Carnegie）的墓碑上寫著「一位善用比自己能力更強者的人在此長眠。」

世界聞名的偉大富翁這樣說：

「我希望自己可以有好的邂逅以及優秀的夥伴，而多虧如此，我才能成就出這個我。」

由此可見，與誰相遇、與誰並肩而行將會大幅左右自己的人生。

我希望你能擁有一個，當人生閉幕時，能在重要之人的圍繞下，想著自己的人生是個好人生，可以誕生在這個世上真是太好了的人生。

而你是否能夠擁有這種人生的關鍵，取決於你在三十歲的這十年間怎麼活。

最後，請讓我再次提問。

你要怎樣活過你的三十歲呢？

後記
抱著真心話活著這檔事

「要怎麼活？」

這個主題相當深奧，且是難以明確定義「這樣做就好了」的領域。答案就在你心中。請記住，這本書頂多只是一個提議，我希望你接下來可以透過自身的行動找到自己的答案。

接著還有一點，我最後想告訴大家。

那就是，請別想要一口氣將本書中提到的所有事情全部學起來。

請從其中找到「啊，這我有共鳴耶，首先從意識著這一點做起吧」的部分，邊精選出要做的事情，決定好期限後嘗試。這樣做之後，你身邊發生的現象也會逐漸出現改變。

我希望你能細細品嘗這份感受，希望你把本書當作陪伴你如此跑下去的夥伴。如果最後能讓你的人生產生變化，身為作者，沒什麼比這件事情更讓我感到開心了。

別虛度你的三十歲。

這本書對我來說，也是考驗我身為作者該怎麼做的企劃。也成為我面對「身為作者，我該怎麼活？」這個問題，決定今後該怎麼做的關鍵轉折點。

我至今撰寫了非常多著作，也有許多在眾人面前說話的經驗，我回想起每次回顧這些，都有各種想法交錯。

說老實話，在我對外發訊之中，我無法否認其中多少帶著想討好讀者的想法。雖然意識著要盡可能說出真心話，但我沒辦法抬頭挺胸直言我每一本書「都是用百分百真心話撰寫的！」

「說這種話會不會被讀者討厭啊。」

「寫到這種程度可能會賣不出去。」

也有書籍是心中邊算計著這些寫下來的。

因為我把「傳達者」當成一門生意在做，老實說，書賣不出去我會很傷腦筋。

雖然這樣說，只寫些好聽話的書，即使這本書成為暢銷作品，我也覺得自己的心不自由。

我自己也還在學習路上。

學習各種事情，知道更多生存之道之後，我也更加明白抱著真心話活著，會直接影響到自己在那之後的結果。知道自己的真心話，並如實表達出來，接著能遇見理解自己的真心話，並且能夠有所共鳴的人。

這才能讓你的人生變得更加富饒。

我在撰寫這本書前讀了一本暢銷作品，裡面寫著「自由，就是被討厭」。

我看到這句話後決定了一件事。

那就是「別在意他人怎麼想，把自己覺得重要的事情傳達出來」。而我想，這本書應該相當接近我這個目標了。

但這不是我一人能決定的事情，也不是我一人就能接近這個目標。

在出書過程中，有和我一起做書的出版社與編輯，但果然總是會提起「要做一本只是為了賣錢的書嗎？還是要做一本傳達訊息的書呢？」這個話題。託大家的福，我至今出過了許多本總銷量超過十萬本的著作，我回顧之後發現，這些全部都是我和編輯們共同發誓「要做一本不是為了賣錢，而是為了傳達訊息的書！」做出來的書，也就是寫出我真心話的書。

這一次睽違已久和相同團隊一起奮戰。

我想要藉此機會，向參與這次企劃的所有人致上謝意。

長年以來培育我這個作者的 Kizuna Publishing 的櫻井秀勳社長，岡村季子董事，真的非常感謝兩位。今後還請兩位繼續溫暖地給予我指導、指教。

說出「請你盡情說真心話！有事情我來負責。」在我背後推我一把，和我一起面對企劃，和我並肩作戰的小寺裕樹總編，真的很感謝您。和總編一起執行的企劃總是讓我興奮雀躍，今後也預定要和您一起進行各種不同的企劃，還請您多多指教。

這次首次協助編輯，從這本書開始參與我的出版支援計畫的加藤道子小姐，安田娜娜小姐。多虧有兩位才能讓企劃如此順利地進行，衷心感謝。

總是在九州的工作現場守護我的（株）人財育成JAPAN，以及在東京全新誕生的新公司（株）FOR YOU JAPAN的各位工作人員，永松茂久計畫的成員們，以及永松私塾的夥伴們。

多虧有大家努力，我才能心無罣礙地專心寫這本書。這本書得以問世，全部多虧有大家支持。今後也能和大家一起開心航海真的讓我感到非常開心，我也很期待大家接下來開始的故事。讓我們一同前往超越想像的未來吧。

最後，請讓我向透過這本書認識的大家致上衷心的感謝。

希望你的三十歲能變得更加璀璨。

在我全新的辦公室「麻布常盤莊」中，被四隻小玩具貴賓包圍中

感謝

永松茂久

國家圖書館出版品預行編目資料

30 有成：如何成為自在、富有、不後悔的大人？/ 永松茂久著；林于楟譯. -- 初版. -- 臺北市：平安文化, 2024.2 面； 公分. --（平安叢書；第 787 種）(UPWARD；152)
譯自：30 代を無駄に生きるな
ISBN 978-626-7397-19-0（平裝）

1.CST: 成功法 2.CST: 生活指導

177.2 112022801

平安叢書第 787 種
UPWARD 152

30 有成

如何成爲自在、富有、不後悔的大人？

30 代を無駄に生きるな

作　　者—永松茂久
譯　　者—林于楟
發 行 人—平　雲
出版發行—平安文化有限公司
台北市敦化北路 120 巷 50 號
電話◎ 02-27168888
郵撥帳號◎ 18420815 號
皇冠出版社（香港）有限公司
香港銅鑼灣道 180 號百樂商業中心
19 字樓 1903 室
電話◎ 2529-1778　傳真◎ 2527-0904
總 編 輯—許婷婷
執行主編—平　靜
責任編輯—陳思宇
美術設計— Dinner Illustration、李偉涵
行銷企劃—鄭雅方
著作完成日期— 2019 年
初版一刷日期— 2024 年 2 月

法律顧問—王惠光律師

讀者服務傳真專線◎02-27150507
電腦編號◎425152
ISBN◎978-626-7397-19-0
Printed in Taiwan
本書定價◎新台幣 340 元 / 港幣 113 元